教師諮商技巧
（第二版）

作　者 Jeffrey A. Kottler & Ellen Kottler
校閱者 許維素
譯　者 孫守湉、林秀玲

COUNSELING SKILLS
for
TEACHERS

second edition

Jeffrey A. Kottler
Ellen Kottler

English language edition published by Corwin Press, A SAGE Publications Company of Thousand Oaks, London, New Delhi, Singapore and Washington D.C., © 2007 by Corwin Press, Inc.
Complex Chinese Edition Copyright © 2011 by Psychological Publishing Co., Ltd.

CORWIN PRESS
A SAGE Publications Company
Thousand Oaks, CA 91320

目　錄

CHAPTER **1**　適應多重角色 …………………………… 001

◎有技巧的助人者…002　◎教師的諮商技巧…003

◎教室裡的生活…008　◎生命中的一天…009

◎活動建議…012　◎閱讀建議…013

CHAPTER **2**　了解助人歷程 ……………………… 015

◎一些學習諮商技巧的建議…015　◎助人的態度…017

◎諮商的整合取向…019　◎諮商歷程的回顧…026

◎諮商歷程和助人技巧的連結…033　◎活動建議…034

◎閱讀建議…034

CHAPTER **3**　評估孩子的問題 …………………… 035

◎辨識沮喪症狀…036　◎孩童生活的壓力…037

◎評估歷程…039　◎蒐集額外的資訊…041

◎評估後可以做什麼…056　◎活動建議…057

◎閱讀建議…058

作者簡介

傑福瑞・科特勒（Jeffrey A. Kottler）在許多不同的場域中當過老師和諮商師——包括醫院、精神健康中心、學校、診所、大學、企業團體和私人機構。目前他是加州州立大學Fullerton校區諮商系的教授。他在教育、諮商和心理學方面的個別或共同著作超過六十本，包括《成為一個老師——人類向度》（*On Being a Teacher: The Human Dimension*）、《神性狂熱——十個創意奮鬥的故事》（*Divine Madness: Ten Stories of Creative Struggle*）、《那個個案改變了我——治療師的心路歷程》（*The Client Who Changed Me: Stories of Therapist Personal Transformation*）、《讓改變持續》（*Making Changes Last*），以及《讓你頭痛的學生：抗拒、無動機及其他麻煩的年輕人的成功案例》（*Students Who Drive You Crazy: Succeeding With Resistant, Unmotivated, and Otherwise Difficult Young People*）。

艾倫・科特勒（Ellen Kottler）曾在公私立學校、大學、中途學校（alternative schools）及成人教育學程中，擔任教職超過二十五年。她曾任教於貧民區的學校，以及郊區和鄉下的學區。她教過歷史、數學、西班牙文、社會研究、人文科學和家庭生活。現今是加州州立大學Fullerton校區中等教育系的講師，以及教學生涯中心的

負責人。艾倫的著作有《英文受限的孩子:日常教室的策略》
(*Children With Limited English: Strategies for the Regular Classroom*)、《給初任國小老師的成功秘訣》(*Secrets to Success for Beginning Elementary School Teachers*),和《給中等學校老師的秘訣:如何成功過你的第一年》(*Secrets for Secondary School Teachers: How to Succeed in Your First Year*)。

校閱者簡介

學歷：國立臺灣師範大學教育心理與輔導學系博士
現任：國立臺灣師範大學教育心理與輔導學系教授
經歷：《中華輔導與諮商學報》（TSSCI）主編
　　　《教育心理學報》（TSSCI）副主編
　　　臺灣焦點解決中心顧問（設於國立中壢高中輔導室）
　　　Journal of Solution Focused Brief Therapy 籌備委員及編輯委員
　　　台灣輔導與諮商學會常務理事、理事及學校輔導小組召集人
　　　2007 年焦點解決短期治療荷蘭阿魯巴島國際研討會籌備委員
　　　2015 年美加焦點解決年會亞洲經驗代表：閉幕演講與研究日
　　　嘉賓
　　　臺灣、中國大陸、馬來西亞、新加坡焦點解決短期治療訓練
　　　講師與督導
證照：2002 年諮商心理師高考合格
榮譽：2010 年榮獲國立臺灣師範大學教學卓越教師獎
　　　2011 年榮獲台灣輔導與諮商學會傑出服務獎
　　　2011 年榮獲中華民國教育學術團體聯合年會優良教育人員
　　　服務獎
　　　2012 年 8 月～2013 年 6 月榮獲學術交流基金會傅爾布萊特
　　　資深學者赴美研究獎助
　　　2013 年 11 月榮獲美加地區「焦點解決短期治療協會」
　　　（Solution-Focused Brief Therapy Association）
　　　「紀念 Insoo Kim Berg 卓越貢獻訓練師獎」
　　　2014 年 9 月榮獲台灣輔導與諮商學會傑出人員木鐸獎
　　　2014 年 11 月榮獲中華民國教育學術團體聯合年會優良教育
　　　人員木鐸獎

譯者簡介

前言、第一～四章、第八章、索引

學歷：美國 University of Central Oklahoma 教育碩士
　　　（副修社會學）

現職：蘭陽技術學院專任英文講師

經歷：復興工商專校學生輔導中心主任
　　　Oklahoma City 華語學校教師

第五～七章、索引

學歷：國立高雄師範大學輔導研究所博士

現職：大專校院兼任助理教授

經歷：國立暨南國際大學學務處心輔組輔導員
　　　國立暨南國際大學通識教育中心、社工系兼任教師
　　　高雄市社會局長青綜合服務中心老人諮商特約諮商師
　　　臺中縣大里家庭服務中心特約諮商師
　　　南投地方法院虞犯少年暨法定代理人心理諮商師

導　論

　　幾年前，在一個偶然的機會中發現了《教師諮商技巧》這本書。在立即翻閱下，書中描繪的校園場景，令人會心一笑，也勾起我擔任國中教師與高中輔導教師的久遠記憶。書中的案例生動感人，貼近著學生的活靈活現，也喚醒當年我對孩子種種的關懷與憂慮；尤其，書中的反思與建議，讓我一直不禁驚嘆：如果當年我也能這樣想、這樣做，那該會有多好啊！所以，我就立刻推薦心理出版社翻譯此書，也邀請好友孫守湉教師、林秀玲教師擔任翻譯的工作。

　　我很希望更多的教師或準教師能看到這本書，並從這本書中有所獲益；當然，任何想多了解教師工作角色的人，本書也是非常好的入門指引。

　　這本書原本包含七個章節，於新版中，又增加了最後一章：

　　第一章是從教師實際的生活中、真實遭遇的情境裡，生動地說明教師各種多元角色的必要性與重要性，其中包括不得不正視、不得不擔任的助人角色——「人師」。而諮商技巧即為人師不可或缺的「兩把刷子」。

　　第二章以非常淺顯易懂的方式，解說助人歷程的要素，引導教師接受與進入諮商工作的領域，並事先提出教師在學習擔任助人角色時，常會碰到的困難與因應之道。

　　第三章就教師需要懂、能懂得的方式，扼要簡介各種特殊心理病症，以協助教師辨識學生的特殊表現；同時，除了簡述諮商與治療專業人員的一般處遇模式之外，更強調了教師在此處遇模式中最需完成的關鍵任務。

　　第四章簡明扼要地呈現折衷諮商取向的各種諮商技巧,包括:專注、傾聽、同理、探索、行動等技巧,以及技巧中的構成要素,並以實際校園案例,來說明其運用的方式、時機與注意事項。本章是本書的重點章節。

　　第五章是簡介歷程取向的團體,並將團體諮商的基本概念與類型,融入班級團體的經營裡,以增加教師運用諮商技巧於班級事件的處理中,並能營建班級的良好互動與支持氣氛。

　　第六章是說明教師如何運用諮商技巧於各種親師溝通的情境中,以建立與家長的合作聯盟關係,共同幫助孩子成長。其中,並建議教師如何針對親師溝通的場境事先有所預備,以及如何面對相處困難的家長。

　　第七章提出教師可以善加運用的各種專業人士,如校長、教師、諮商師、學校心理師、大學教授等,並說明各個角色可以發揮的功能,以及教師與各個角色的合作搭配方式,鼓勵教師發展與各種專業人士分工合作的關係。

　　第八章是新版中新增的章節,特別提醒在今日社會擔任教師者,如何透過自我對話等方式進行自我照護自己,而如此,也才能長遠投入於教職工作。

　　由這些章節與內容,你不難發現,傑福瑞‧科特勒和艾倫‧科特勒兩位作者非常了解學校場境與學校輔導及諮商專業,並企圖結合二者的運作特色,形成適合教師的諮商介入技巧與模式,以幫助教師能真正發揮其既重要又繁重的角色功能。

　　我特別喜歡本書以各種實例來介紹諮商技巧的運用,尤其,本書能深刻地描繪出教師在校園常遭逢的挑戰及會有的反應,並能事先提醒教師在學習與應用諮商技巧可能會有的心路歷程。所以,本書能把原本深奧難懂、不易落實的諮商理論與技術,在發揮著同理

支持教師的主觀世界、呼應著教師的心聲脈絡下，自然地內化入教師的思維中。更讓我感動的是，本書從頭至尾都站在這樣的一個立場上進行撰寫——教師是一個「專業」的工作，如何發揮這份專業功能，值得教師本身更多的自我看重，也應贏得社會大眾更多的敬重。

　　所以，本書除了適合一般教師閱讀之外，也特別適合作為教師在職進修課程中輔導智能研習的教材，以及教育學程儲備教師的職前訓練課程所用。當然，如同本書作者所鼓勵讀者的一般，教師需要透過持續的自我成長、實務演練、經驗累積與反思以及被督導的過程，來讓各種諮商技巧真正自然融入與發揮在教師個人的生活與助人工作上。尤其，讀者若能將本書的內容搭配常見的青少年發展議題，以及學校各種特殊危機來進行討論與演練，相信一定更能豐富所學。

　　七年來，本書在臺灣一再加刷，足見這本書也反映與滿足了國內教師的專業需求。如今心理出版社又願意支持新版本的更新，更為國內讀者之福。最後，我隔海感謝本書兩位素未謀面的作者，表達我對他們誠摯的敬意。同時，我還想要謝謝心理出版社的同仁，拔刀相助的守湉、秀玲好友，持續進行新版的修訂工作；他們的努力與貢獻，成就了本書的翻譯工作，而嘉惠了國內的各方讀者。

國立臺灣師範大學教育心理與輔導學系教授

許維素

2011.1

譯者序

國小教書的朋友在教學生涯中，困擾的事件大多和孩子不遵守秩序、調皮搗蛋、捉弄或和其他同學吵架、退縮不講話有關，他們很困惑這些孩子的內心是怎麼回事，不知該如何回應，才能激發孩子良善的一面，幫助孩子正向改變。我們常討論的話題，也都是如何了解孩子行為背後的心理層面，以及老師可以如何回應孩子。這些朋友都具有某領域專業知能，精通教材與教學方法，真心關心孩子的幸福與成長，也願意反省自己的教學方式和與孩子的互動方式，期望自己成為一個好老師。常讓他們挫敗或困擾的，多與孩子的心理困擾有關，尤其孩子的心理問題常表現在行為上，嚴重者會打斷上課情形，甚至把教室弄得雞飛狗跳，而他們的困擾也是許多共同的教學挑戰。我經常思索，怎麼才能幫助老師揭開蒙在孩子外表的那層偽裝，得到其信任，進而幫助孩子開展潛能？除了專業訓練之外，他們還需要什麼裝備，才能幫助他們更有自信和效能地面對孩子的失序行為？

因許維素老師的推薦，有機會接觸《教師諮商技巧》這本書，立即被本書吸引，翻譯過程也發現，這本書正是解答許多老師教學困惑的好書。這本書的特色是用淺顯易懂的語言和實例，介紹諮商技巧如何運用到校園常見的學生問題輔導上，因此，期盼本書之翻譯能夠讓教師得以受惠。

這本書的翻譯是由守湉和我分別負責，守湉負責前言、第一至四章、第八章及索引的翻譯；我則負責第五至七章及索引部分。在翻譯的過程中，基本上是一趟心靈享受之旅，總是訝異於傑福瑞·

科特勒和艾倫‧科特勒兩位作者巧妙地結合學校情境與諮商專業，形成適合教師的諮商介入技巧與模式，幫助教師將「經師─人師」這個既重要又繁重的角色，發揮到淋漓盡致。本書能順利出版，特別要感謝許維素老師的細心校閱及心理出版社編輯群的協助。譯書中如有疏漏之處，乃為譯者才疏學淺，尚祈讀者不吝賜教。

林秀玲 謹識
孫守湉
2011.01

前　言

現今的老師迫於需要，除了呈現教學內容與資訊給孩子之外，還得做更多的事。事實上，真正花在講課的時間，只占老師日常職責的一半。在老師典型的一天生活之中，除了在教室講台前的時間外，你可能還得預期去處理以下事件：諸如調解紛爭、安慰覺得受傷的孩子、協助學生解決個人問題、引導正熱烈討論及爭辯的事件、和心情混亂的家長會面、對兩個小鬼解說他們持續的世仇會對他們相當不利；另外，還得提供安慰或鼓舞其他孩子，因為他們可能覺得哀傷、寂寞、焦急、挫敗、憤怒或沮喪。

想到教師培訓課程所花費的時間分量，這樣的事實就顯得有些嘲諷了，因為訓練課程在使老師成為他們專業領域的專家，且能精通教材、方法和教學表現的經營。雖然這套訓練對你確實有用，但在處理不預期的個人或人際問題時，你還是常會覺得技窮。

老師除了身兼課堂管理員的職責外，還會被召喚做各種可能還沒準備好要做的事情，例如：

1. 回應孩子情感上的需求。

2. 一再解決人際衝突及搞定打架事件。

3. 對於缺乏正向模仿角色的孩子，必須要充當代理父母及心靈導師。

4. 對掙扎於個人問題的學生，得扮演心腹知己。

5. 對於被虐待、被疏忽、藥物濫用及受苦於各種情感困擾的孩子，要同等對待，並在必要時安排適當的治療。

6. 除了孩子的認知發展之外，還要評估他們發展性的轉變，及

引導他們在身體、情緒、社會及心靈各方面的持續成長。

7. 引導討論如何處理各種情緒及個人的事件。

8. 參與個別化教育計畫（individualized education programs, IEPs）。

9. 處理電話聯繫和面對面的家長會談。

10. 對處於危急苦痛中的孩子，還要發揮身為一位問題解決者的功能。

　　簡言之，即使老師們在這些專業上曾受過短暫珍貴的訓練，但也常需要使用不同的諮商技巧。不僅會用在事先計畫的家長和學生會談中，更常用在走廊、操場、課外活動及課程進行時的教室內。

　　本書的目的，不是要教師完全具備諮商師或人際關係諮詢顧問等角色的功能技巧或背景——那是學校諮商師、心理師及社工師的工作。然而，每天在學校裡真正的生活是：老師們除了要盡到授課的專業職責外，更常須擔任助人的角色。當你站在你的班級前，解說著歷史或文法時，你無法不注意到那些看來疲憊、孤寂或惹禍的孩子。當你坐在桌前批閱作業時，就會有些小孩滿懷信任、帶著希望被了解和想找你聊聊的心情來找你。在你和家長或其他同事談及所教班級的學生時，你會需要展現一套高水準的人際敏感度和技巧。

　　因此我們希望，這本書能將諮商技巧的基本方法介紹給你。雖然我們無法在這樣的限制下（需要有好幾年被督導的練習），將老師變成諮商師，但對於在學生人際關係、社會及情感需求的應對中所包含的基本概念及技巧，我們仍然可以使教師能靈敏地加以察覺與運用。

再版說明

　　在本書的第二版中，我們完全更新了內容，聚焦在現今的問題上——有關於無家可歸、處理哀傷和失落事件、遭遇霸凌和騷擾，以及激發學生動機。我們同時也擴充了團體諮商那章，描述許多你可在教室裡學以致用的技巧，以便建立一種尊敬和忍讓的文化。

　　除此之外，我們也加了一個新的章節——「諮商自己」，內容聚焦在使新舊老師都可以更好地照顧自己，並仍保有活力的方法。學習諮商技巧迷人的好處之一，就是這些方法幫助別人有用，對你也一樣有效！

ix

閱讀族群

　　《教師諮商技巧》一書是為兩種相似的讀者所準備。這本書可用於剛起步的老師族群，他們正開始教學生涯。許多學區發覺需要在傳統的教師培訓課程中加入額外的訓練，但在大學課程中常忽略了這類領域的訓練。最最優先的考量就是要確保新任者具備專業及個人的生存技巧，而那可能增加新老師成功的機會。對努力想贏得學生信任及尊敬的新老師而言，諮商及諮詢技巧確實是首要之務。

　　舉凡教師助人技巧的各種不同教育課程，這本書都可當成主要或輔助的教材。事實上，許多教師培訓課程，都包含了一整個系列教育者作為諮商員／諮詢顧問角色的課程。在其他國家，從沒聽過將諮商當成教育專業的訓練範本，老師除了其他的職責之外，還被期待要發揮諮商師的功能。畢竟，還有誰能比老師有更多的時間和孩子們在一起，且較容易每天仔細地觀察他們呢？

內容概要

本書衍生自前一本書《教師如同諮商人員》（*Teacher as Counselor*），我們在 2000 年時把書名改為《教師諮商技巧》（*Counseling Skills for Teachers*），而且也更改了一些內容，以便能更明確地將焦點集中在幫助其他人，而非身為諮商師的能力所能發揮的角色功能。在這新版本中，我們在整合諮商技巧及策略方面，都增添了可觀的內容，包括一對一解決問題的互動，以及在課堂的一般活動中，製造機會幫助學生，使內容變得個人化。

我們也做了下列更動：

1. 擴展評估及診斷問題的部分。
2. 加入在走廊、操場及其他非正式互動中所用的諮商技巧。
3. 呈現技巧的實際應用，以解決課堂中出現的紀律問題及危機事件。
4. 提出可從活動過程中學到內容的方法。
5. 強調使用諮商技巧時，要適應文化的差異。
6. 呈現首要且精簡的理論技巧。
7. 討論要如何有效地轉介給其他專業人員。

第一章的內容設定在開頭的說明，討論老師在學校及學生生活中所扮演的多元角色。不管是扮演教練、俱樂部主持人、遊樂場監視員、心靈導師或成人楷模，即使不是隨時隨地，也一定可以在每一天找到機會，將諮商技巧運用在你的工作中。

第二章將幫助你概略了解諮商是如何且為什麼能有效地幫助學生改變行為。不論個人風格和諮商背景為何，你都可以學到所有助

人策略中最重要的要素。這裡提供許多簡明的清單，引導你努力地將諮商技巧運用在工作及生活中。

　　所有教學和諮商努力的成果，都以一些評估的方式開始，在這些評估中，會確認相關的問題，且計畫介入的策略。診斷情緒疾患及學生問題的基礎，將在第三章做說明，使你能更敏感察覺到你所遭遇的問題種類。

　　第四章是本書的中心，描述諮商關係的歷程和技巧兩項，其中的技巧包含了使學生從陷於問題困擾的階段，轉移至類似問題的解決，或至少能對現況產生某種程度的了解。在這章中，你會學到如何和學生創造及維持穩固的助人關係，以及傾聽、回應情緒及內容、設定目標，和開始行動計畫等技巧。

　　第五章將把這些技巧運用到教室或團體場景中，你就可以開始運用和諮商有關的活動，當做你正常課程的一部分。除了更注意到教室內所發生的一切之外，你還可以學到如何將諮商技巧運用在經常發生的危機事件和紀律問題中。

　　第六章審查了一個非常重要、但在大部分教師訓練中常被忽略的部分：如何運用之前所提的助人技巧，舉辦有效的親子座談會。描述結構性會議的實際運用特性，以及發生問題時的處理建議。

　　第七章討論向其他專家諮詢的方法，那會使你的工作輕鬆點，也能確保學生收到他們所需的幫助。僅讓有麻煩的學生接受諮商是不夠的，因為他們大部分都不會聽從建議，不管那可能會有多好。為了學生好，你要學會如何向其他專業人士諮詢，共同合作努力。

　　最後一章敘述你可以如何使用本書裡的概念，去豐富你自己的生活且提升你個人的功用。這不僅可以減少工作的壓力，而且還可以活化你的生命。

給讀者的提醒

本書討論的主題不適合用被動的方式來學習。雖然閱讀諮商技巧的章節，能使你對為什麼及如何運用不同的諮商技巧會有些概念，但若沒有相當的練習，就沒有辦法將這些複雜的行為變成自己的人際風格。這種個人的整合可以用兩種基本方式達成：

1. 看完每個概念後，問自己可以怎樣把它變成生活的一部分，可以怎樣使用這些技術來豐富自己的關係。
2. 盡量找機會在適當的情境中練習新技巧，如此可以使這些技巧自然而然成為你人際風格的一部分。

我們在本書每一章的結尾列出了建議閱讀的書目，當你對某個特定主題想學更多時可加以運用。尤其重要的是，如果你想將所學運用到真實生活的情境中時，我們也提供了一些你可以做到的活動。這種練習當然是有效教學中最重要的概念之一：如果我們期待去影響學生思考、感覺和行為的方式，我們就必須發展出一些架構，使他們可以將所學應用到複雜的情境中。這當然也適用於想在極短的期間內完全學會一套非常困難技巧的你。

有了充足的時間、精力和全心投入，同時有系統地研讀助人技巧，再加上是在接受督導的情況下運用，你一定能成為把諮商及諮詢技巧整合到日常教學角色中的能手。

適應多重角色

　　當你回想過去求學經驗中最具啟發性的老師時，你會想到誰曾讓你的生命變得大不相同？想到你最欽佩的老師時，你會最先想到誰？除了他們所示範的專業與智慧之外，可能他們的人格特質、展現的個人風格、正直和誠實，才真正贏得了你的尊敬和信任。他們之所以能成為這麼棒的老師，絕對不僅只因為他們所具備的學識，更重要的是，他們傳遞關心給你時所展現的個人風格與熱忱。你感受到他們將你的最大利益掛念在心；他們的傾聽和回應，彷彿你對他們真的很重要。

　　假設這是很普遍的現象——也就是說，學生不僅受老師教導影響，同時也因老師的關心和疼惜而受影響——那麼，老師真的需要因所有不同的責任，而接受各項專業的訓練；這不僅包含了身為學生知識來源的教師工作，還包括擔任心靈導師、照顧者、權威人物、角色楷模、教練、代理父母，以及規範者等角色。

1

有技巧的助人者

你曾接受過有系統的教育，包括教學的教材及教法、課程規劃的建構和個人發展報告的完成，以及視聽教學和電腦技術的使用。但對於你將在學生生活中扮演的其他角色，如個人效能的典範、疼惜的傾聽者、有技巧的助人者，你又受過哪些訓練呢？

每天，也可能每個小時，都會有人呼喚你，要你戴上一堆不同角色的帽子，發揮林林總總的角色功能，也許包括你還沒確切準備好的。當一個孩子向你吐露她懷孕的秘密時，你要怎麼辦？當學生在你眼前情緒崩潰時，你要怎麼處理？當你懷疑孩子藥物濫用或暴食厭食時，你會怎麼做？當覺得孤寂的孩子來到你跟前尋求了解時，你要怎麼跟他說？當學生懇求你承諾保守秘密，然後告訴你她犯法了，而且還打算繼續再做時，你又該怎麼辦？

老師不僅只在每次鐘聲響起時，傳授他珍貴的智慧、費時儲藏的知識。在選擇這項職業時，你就已經把自己奉獻在用各種不同的方式去影響孩子的生命上了。為了完成這樣的使命，你所要做的遠多於只是站在講台面對一雙雙殷切的眼神。你必須和孩子發展出建立在相互信任、尊重和真實情感上的關係。因著這些聯盟，孩子才會帶著他們的問題來找你。但通常他們會用更細微的方式——透過如果沒有額外訓練就無法讀取到的徵兆，來呼喊救命。

你的工作是要把自己培養成有技巧的助人者——這是有關精通各種諮商和諮詢技巧的任務。這項訓練將讓你能觀察及理解孩子的想法、感覺和行為，也讓你能進入他們的內在世界，贏得他們的信任，且真正了解他們所經歷的。從這樣一個同理的位置，你能讓他們覺得被了解、你能幫他們更清楚明瞭、你能幫他們做出不同的決

定、你能幫他們採用建設性的行動。必要時，你可以鼓勵他們尋求專業的協助。而他們會聽你的，因為你有助人的技巧，而且你真的在乎他們的福祉。

教師的諮商技巧

在其他國家裡，老師的功能和我們在北美洲所做的方式很不相同。例如在亞洲的部分地區，他們沒有學校諮商師——並不是因為資金短缺，而是認定的觀念；他們認為老師是從事諮商角色的最佳人選。畢竟，他們是每天固定和學生互動的人。如果孩子想接近一個大人以尋求協助或建議，很肯定的是，他絕不會找那個每學期幫他排課的人，而應該是那位花了許多時間和他一起工作和玩耍，已經建立起信任的老師。

不管你喜不喜歡，不管你是否準備好要扮演這個角色，那些無轉圜餘地的孩子，就是會把你找出來當成心腹密友。他們對你有著許多期待，有些是你無法解決的（像找到「正確」的答案），有些是你沒時間做的（維持一種持續諮商型態的對談），還有一些是你不應該做的（接管他們的生命，告訴他們要做什麼）。儘管如此，如果你具備了一些諮商技巧——就只是一些基本的助人策略，例如傾聽和回應，你將會訝異你能幫他們更清楚他們的感覺，更了解他們的動機，且能透過計畫的執行使之後獲得更好的解決，以改變他們的行為。把諮商技巧加入教育方法的項目中，在許多方面都能助你一臂之力。

3

1. 你會注意到自己人際關係的改善。由於學習諮商技巧會增進你的敏感度和回應力，所以，這項訓練會影響到你和其他人的互動方式。你會留意到，自己變得更能理解他人的情感。

你的溝通將變得更清晰易懂，且更能表達自己的需求。最後，你會經歷一份新生的使命，讓你努力朝向親人朋友間更親密的人際關係。

　　我一直很驚訝當我回家時，我對我的家人是這麼的殷勤。剛開始時，我非常抗拒去學這玩意兒。嘿！在這世上我最不需要的就是更多的工作，我已經快被一堆事淹沒了。然而，我一直很開心地學著如何在學校更敏感地回應我的學生，同時對我生命中的其他人而言，我也變成一個更好的傾聽者。

2. 在學校裡，你會成為更受尊敬的同事。就如同高層次的人際技巧，能讓你在個人生活中營造出較好的人際關係一般，這些技巧也能給你信心和能力，讓你和行政人員、學校裡的其他老師及支援的職員，一起錘鍊出結構性的同盟。每個人都希望有個這樣的朋友，他能仔細傾聽、具同理心、思路清晰，且能回應對方的需求。另一個助益是：當你學會說諮商師的語言時，你就能在孩子需要幫忙時，做出較適當的轉介。

　　我有個朋友是學區裡的諮商師，他告訴我他如何從大約百分之十的老師手中，接到百分之九十的轉介個案。我猜，我也是其中一個轉介許多孩子的人。我不認為這意味著我的學生搞砸的比別人多，只是我更能注意到他們的情緒事件。我知道我自己沒辦法幫他們，但我試著讓他們有個開頭，然後讓諮商師收尾。

3. 在教室裡的工作上，你會變得比較有影響力。孩子對於他們
   日後想效法的老師反應最好。他們尊敬你且回應你，不僅因
   著你的專業，也由於你的關心和關懷。簡單來說，諮商技巧
   會使你在短時間內和學生營造出較好的關係。學生會比較傾
   向於信任你，而且會努力地獲得你的尊重，如果他們感受到
   你也是這樣對待他們的話。因此這些技巧化成了膠水，把你
   曾學過成為一位頂級教師的所有事情，都連結在一起了。

　　孩子們在他們玩耍、壘球賽、足球賽和朗誦時看到　　　　*4*
我。他們知道我關心他們，不是因為我告訴他們我關心，
而是因為我用行為表現給他們看。也許在他們的生命中，
我是他們唯一能真正信賴的人。

4. 你將能處理孩子所最關心的事，同時又能消除你自己對愚行
   和失敗的恐懼。特別是剛開始教書的老師，他們對於自己當
   個專家的能力和潛力，有著無數的憂慮。有幾位要開始教學
   實習的師範學生，談到他們內心一些最大的恐懼：

　　凱茵對於和孩子相處的能力，覺得相當有自信，但是
對於帶領家長會議，就覺得還沒準備好：「我很害怕必須
向家長解釋，我為什麼要用這樣的方式做事情。我不知道
世上有什麼辦法，能使我讓他們在家嘗試做點不一樣的事
情，而讓我的工作變輕鬆點。」

　　瑞蒂也最擔心要怎麼和一些家長互動——特別是那些
好像不在乎孩子的家長：「當我和那些危害孩子的家長談

話時，我好怕我會發脾氣，氣得完全失控。我知道如果我真的發作了，那結果就會傷害到孩子和我自己。」

崔維斯提到他最大的恐懼，是面對在家被忽視或受虐的孩子：「我知道我應該要做什麼：將情況向保護協會報告。但有時事情不是那麼清楚明白。我送出報告後，孩子會怎麼樣？也許我只是讓事情變得更糟。我只希望我有勇氣去做對的事。」

唐雅對於成為孩子典範的責任，覺得相當緊張：「想到我所做和說的每件事，都會被很仔細地觀看，就覺得恐怖。孩子們是那麼容易受影響，而我當然也想成為他們所欽佩的那種人。那對我是非常困難的，因為我不習慣那種責任。我是家中最小的孩子，我習慣仰望生活中的每個人。」

尼克懷疑，他是否真能學會把所遭遇到強烈的情緒問題，和身為特殊教育老師的自己分開來：「當我回家時，我是否能留下足夠的自己給我的家人？有些孩子就是那麼地髒亂和貧乏——他們就是需要那麼多的注意。如果我要持續做很久，我知道我必須後退，把他們的問題和我自己的分開來。」

凱西很勉強地坦承她有耐心方面的問題：「只要一想到我每天要和二十個幼稚園生，一起在房間裡待上六小時，就會讓我很退縮。當一些小蘿蔔頭試著逼我超越底限時，我還能壓抑著表現寬容嗎？」她也懷疑自己是否能將偏見收藏起來：「我知道我們都會對某些人事物有偏見。

我只希望，當我處理惹麻煩的學生時，能克制我的評判。如果我無法保留自己的想法，那這種爆炸性的情況可能會有悲慘的結果。」

　　妮娜認為自己對於批評太過敏感，而且對她所說的每件事都過於謹慎。她懷疑那會如何影響她助人的能力：「我變得很固著於要用『對』的方式，去說『對』的事情。我不想傷害任何人或使別人困窘。我擔心因為我不想犯任何錯誤，結果我會什麼事情也沒做成。」

這裡的每個例子都以另一種方式說明，在試著幫助孩子當中，諮商技巧會幫你抵銷對失敗的害怕。那是這項訓練的神奇能力：當你變得更有技巧且成功地有助於其他人時，你就能更熟練地將所知的一切應用在自己的生活中。

諮商技巧不僅能幫你更有彈性地適應在課堂和學校中所扮演的不同角色，同時，會以一些我們曾間接提過的方式對你產生幫助：

- 提升你所有人際關係的親密度。
- 使你能更敏感察覺自己的內在情感，同時也能更順暢地表達它們。
- 更容易去處理人與人之間的衝突。
- 處理紀律問題時，能少點失控及誇張 。
- 透過沮喪的情形和自己對話，以減輕負面的感覺。
- 以建設性的、系統化的方式，處理預料外的問題。
- 迎戰你自己還沒解決的事件，那些事件擋在你面前，使你在個人和專業上無法更有效能。

所有這些都意味著：你越精通本書所提供的諮商技巧，你就越能成為出色的人及老師。

教室裡的生活

教書的首要之務就是一項助人的專業。在建構一個學習情境時，施教者須覺知學生生理、情緒和社會層面的需求，以及他們智力層面的需要。老師在他們的課堂裡，必須營造一個令人愉快的氣氛，讓學生覺得身心都很安全又安心地徜徉於意念的世界。從學生進到教室的那一刻起，老師就開始和他們發展密切的關係，且建立起信任──不管他們待了四十五分鐘，還是待上一整天。藉由學習活動引導學生時，施教者必須是慈善且樂於幫忙的，吸引人且善於激勵的。老師必須朝向建立每個學生的自我尊重和自我價值的方向而努力。此外，依據文化背景和學生的個別需求，老師必須藉由各種方法的應用，朝向培養教室中的寬容和合作氣氛而努力。老師必須為孩子做好準備，使他們能用正向、積極的態度來互動。學生必須學習當個好公民，解讀他們周遭發生的事件，以及做決定。而提供這些經歷就是老師的職責。

除了這些角色，施教者還必須熟悉每個學生、他或她的起起伏伏，以及每個人暫時性的或長期性的壓力。老師必須提供支持及鼓勵給每一個孩子──從在意外事件中失去部分手指的費南度，到前晚新生弟弟回到家裡的艾咪，到沒什麼挫折容忍力的梅妮莎，到上星期爸爸搬出去住的布萊恩。變動的友誼、失敗的恐懼和其他事件，都會占領孩子的心靈，而老師必須決定如何好好地去接近這些發生在孩子生命中的事件──以一對一的個別方式、透過讀一篇故事，還是經由團體討論。

6

同時，老師還得注意會弄亂每日課程表的外在事件。無論是臨時的激勵會議、火警預演或學科測驗，改變都會干擾學習歷程。社區內的危機比預先規劃好的主題，更加需要優先處理。例如在一些城市裡，暴力行為把孩子的注意力，從相關但較不重要的優先次序——像是家庭作業上轉移開了。孩子需要一再地被保證他們是安全的，而且他們不會受到傷害。他們談論著暴力的衝擊，例如在某個城市，他們談論在福利局被燒毀後，必須走多遠的路才能得到食物券。立即的需求必須被滿足。同樣地，另一個城市的學生，在某個孩子企圖自殺後，談論著有關沮喪、寂寞和友誼的責任。大部分發生在課堂中的學習，只有少部分和原先計畫好的課程教案相符。孩子有他們自己的節目和興趣，而這些很少和任何你所認為重要的事情有關。畢竟，如果你生命中主要的前提是：找到夠吃的食物、和你最好的朋友重修舊好、在一齣戲中插一角，或阻止其他人繼續嘲笑你，那麼歷史、寫字或數學能有多重要？

教室裡的生活，不僅包含你已計畫好的活動進度和課程主旨，同時也包含許多其他從時事或學生生活中，所自然引發的議題。你必須準備好討論這些重要的議題，而不是忽略它們。即使較富挑戰性，你仍須找到方法，把你所教的整合到每個學生的文化和個人脈絡中。諮商技巧能幫你把學生拉拔得更好，以找出他們已知或想要的，同時也能更有力地回應這些需求。

生命中的一天

在一般的狀態下，老師會和諮商師、社工員、學校心理師、主任、校長、父母及其他老師互動——更別提還有數百位學生了。不管是評估現在或計畫未來，還是討論新政策或個別學生的行為，老

7

師都會被要求提出他們的建議或看法。為了和其他專業人士及家長一起互助合作，老師也要能和這些成人建立密切的關係。

　　和學生及其他專業人士的關係，一直都在發展中。我們的目標是要給你一些啟發和動機，去發展人際關係技巧，這對於成為一個有效能的老師是不可或缺的。如果你跟著一位專家，觀察身為一位老師每天所完成的多重角色，那麼對於大部分老師所面對的，你就可以展現較清楚的概念。

　　當紐布瑞太太打開她的車門，準備拿出所有東西開始她的一天時，她看到一群孩子聚集在大樓邊。她覺得心驚膽跳：她得去勸架嗎？也許她得去阻止他們正在交易的一些違法勾當。不用！她發現這次純粹是一群朋友的聚集，他們蜷縮著一起取暖。她大大地鬆了一口氣。

　　這是早上七點十分，傑出的高中老師紐布瑞太太已經開始了第一回合，而這只是一整天和孩子及同事打交道的幾百件事的頭一件。她一邊走到門口，腦筋一邊打理著眼前的行程，除了日常的教書職責外，她知道她要找一位副校長，談論班上一位新生的事情。她得去找校長，因為她想要參加一個工作坊，而那需要資金補助。她的一位午餐夥伴正經歷離婚事件，所以她知道那會是這一整天討論的焦點。同時，她也被預警有人會從教育局來，為了做個研究報告，他可能會監看她的一些課程。

　　在準備期間，紐布瑞太太會和學校諮商師討論她的一位學生，這名學生一直朝著升大學的路準備，卻又非常想入伍當兵。接下來，可能有一個考駕照失利的學生，哭倒在她的肩頭。在她四學分的課堂中，可能逮到個作弊的學生，而這情況將包括：和另一個副校長談、和學生談兩次、和學生家長談，而家長必定堅持拒絕承認他們親愛的兒子會犯下如此不道德的罪行。另一個學生可能很興奮地跑

8

來找她，因為她最近訂婚了；這個學生覺得和紐布瑞太太特別親近，因為她和她未婚夫的第一次相遇，就是在紐布瑞太太的課堂上。

還有其他林林總總的人際互動都可能發生，像和學校的秘書、幾個組織了離婚學生支持團體的同事，以及在穿堂經過她的數百名學生。她可以看到他們爭辯的眼神、狂亂的神情、沮喪的表情、憤怒的腺體、輕浮的情感，還有他們的熱情和興奮，她覺得被自己所察覺到的痛苦和需求徹底地擊潰。紐布瑞太太試著招呼每一個人，但她了解，他們想要從她這邊獲得的，可能遠超過她所能付出的。

在你跟著紐布瑞太太走過這相當典型的一天後，你會看到那一群她得去接觸的人，以及那些她必須使用人際關係技巧來應對的各種狀況。前一刻她正在跟一個剛搬家、很憂慮的孩子說話；下一刻她得移去和自認是失敗者的孩子聊，因為那男孩剛被籃球隊刷掉了；然後，她和剛從菸毒勒戒所回來的學生談；接下來，她建議一個學生該如何準備進大學。當人們希望獲得她的引導，還有在她讓其他人知道她在乎他們發生了什麼事時，她一天大部分的時間，就都花在和其他人的互動上了。

然後，在她的課堂討論中，所有的事情都出現了。有一堂課裡，兩個學生激辯著自己支持的行為，但很快就充滿了種族歧視的意味。在另一堂課，前一秒鐘他們正照表操課，下一秒鐘，有人問起即將來臨的考試，而不知怎地就演變成抱怨世界是如何不公平的激怒議題了。在另一班，一項規則簡單但通常會很興奮的活動，最後不知為何竟變得極端無聊，而她完全無力施為。

雖然這生命中的一天包含的是中學老師的經歷，但小學教育也顯露著相同的模式。每個小時都呈現一項不同的挑戰，都是針對你的專注、敏銳及人際溝通技巧的另一項測試。在每個案例中，你都必須保持鎮定且控制得當以理出頭緒，然後從當下所能想到的千百

種可能中，挑選出恰當的應對之法。

不管你喜不喜歡，也不管你準備好了沒有，學生就是會找到你，要求幫忙做決定，舉凡是否要接受舞會的邀請，或者他們該選修哪門課。他們要求幫忙釐清價值觀，和評估他們所面對的道德情況。他們來分享發生在他們生命中的事件：一隻新小狗、對爛成績的沮喪、被排拒的友誼、喪親之痛。之後，他們轉而問你態度和禮節的問題。

你回應這些情況的方法、你適應多重角色的流利和熟練與否，都將大大地影響你所提供的教學經歷的品質。你所擁有的諮商技巧的知識，會影響你與和你一起工作的孩子之間的關係、和同事的友誼及友好關係，甚至和你最愛的那些人之間的關係品質。

活動建議

1. 你最憂慮哪些方面的教學？你覺得對哪一個角色最沒把握？在回應這些問題後：(1)寫下你的回應，且將這內容放在一個安全的地方，可以留待數年後再看；(2)將你的反應和你的同儕團體分享，且討論他們的恐懼。

2. 訪問代表不同分數等級的學生，找出他們會希望看到老師在他們的生命中扮演何種角色。鼓勵他們盡可能地仔細描述，老師做什麼會對他們有幫助。

3. 如影隨形地跟著一位老師一整天，留意他或她和不同的人在一起時所扮演的各種角色。整理你觀察到這位老師的行為，將所扮演的角色分成幾大類——當演講者、解決問題者、秘書或其他等等。

閱讀建議

Corey, M. S., & Corey, G. (2007). *Becoming a helper* (5th ed.). Pacific Grove, CA: Brooks/Cole.

Glasgow, N. A. (2006). *What successful teachers do in diverse classrooms.* Thousand Oaks, CA: Corwin Press.

Hazler, R. J. (1998). *Helping in the hallways: Advanced strategies for enhancing school relationships.* Thousand Oaks, CA: Corwin Press.

Kottler, J. A. (2003). *On being a therapist.* San Francisco: Jossey-Bass.

Kottler, J. A., Zehm, S. J., & Kottler, E. (2005). *On being a teacher: The human dimension* (3rd ed.). Thousand Oaks, CA: Corwin Press.

Palmer, P. J. (1998). *The courage to teach: Exploring the inner landscape of a teacher's life.* San Francisco: Jossey-Bass.

2 CHAPTER

了解助人歷程

在一般狀態下從事諮商工作，或成為你所有學生現成的知己，都不是你的職責。你不會有時間、機會或訓練來承擔這些角色；即使你有，你也不會有這麼多的精力。雖然如此，每天層出不窮地，總是會有些學生想得到你的了解或輔導。

一些學習諮商技巧的建議

幾種技巧的一些基本背景，就可以讓你更有效地幫助他們。首先，有一些基本的概念要謹記在心：

1. **你無法透過閱讀學到助人技巧。** 如果是認真的想要增加你的技能，增進人際間的溝通技巧，你就必須在生活中實際運用。

2. **擔任助人角色並不自然。** 儘管你可能已經聽說了，但運用諮商技巧意味著要做一些不自然的事，例如不批判，且將自己的需求擺一邊。

3. **你在處理的是擔憂，而非問題。** 問題暗示著有解答，甚至有

正確答案，然而個人議題常常沒有唯一的答案。我們多數人終其一生都在同一議題裡持續掙扎。

4. **別給建議**。告訴別人你認為他們應當如何處理他們的生命，可能會發生兩件事，而其中任何一種，都會導致負面結果。首先，如果你認為你知道對某人最好的是什麼，而且你告訴他或她要怎麼做，那萬一結果很慘時，你將會終生背負著犯錯的指責。比給錯建議更糟的就是給對建議。如果你告訴某人怎麼去做的結果很棒，那這個人學到的是，未來當他或她不知道該怎麼做時，他或她就應該找其他人諮詢。畢竟你所強化的這個概念是：這個人沒有能力為自己做決定。

5. **別試著做太多**。很嘲諷地，新手助人者最常見的困難，就是涉入過多。請記得，這是孩子的困擾——所有你能幫忙做的，就是讓學生覺得不孤單，以及表達你的了解和顯現你的支持。

6. **在開始前，請你先轉換成「助人」的模式**。這和冥想及其他意識狀態的轉換相似，也就是幫助另一個人專注於集中注意力。當你決定幫助某人時，你就下了個決定，要暫時將自身的事情抽離心智，抵抗分心；且對你所聽到的，保持不批判。此外，除非孩子處於自傷或傷人的危機中，否則你有義務保證這私人的談話絕對保密。

7. **別讓自己覺得被擊垮了**。這裡所提及的簡要複習，需要三年全職學習才能稱職發揮。期待你自己能將所有的概念和技巧都施行出來，既不實際也不合理。我們的目標只是要幫你提升目前人際互動效能的層級。在你發展生涯之際，會發現有許多在職訓練的機會、工作坊、研究生課程、有聲 CD 和 DVD，還有書籍，都可以幫你進步，變得更精通這些技巧。

8.**對自己要有耐心。**雖然很多東西可能你聽起來都很熟悉，但當諮商師在採用助人的角色時，會採用明顯不同的獨特姿態。這絕對不是人類的自然狀態，因為你必須將自己的需要擺放一邊，完全聚焦且全然地在另一個人的經驗裡。就像學任何新的技巧一樣，有些就是會讓你覺得笨笨卡卡的。對於初次認識的新事物，自己所該有的合理期待要實際一點。但這不是說你將這些方式用在生活中和人相處，也無法體驗到重大的轉變，很簡單的意思只是：這需要花時間、要練習和有耐心。

助人的態度

　　雖然我們即將呈現給你有關助人歷程和技巧的內容，但很重要的是要記得：諮商關係包含很多，不只是熟練專家手法而已。在諮商中，諮商師會採用一種助人的態度——那是一種使他們保持清晰、專注和敏銳的心智狀態。那是一種有別於一般所做的、不同的知覺狀態，一種類似冥想的狀態。在冥想中，所有的專注、精力、思維都聚焦在單一活動上；也就是幫另一個人尋找寧靜。

　　我們提及的不批判，是助人姿態的一個面向。其他會一再被提及，且在發展堅固關係上最具決定性的特色是：真實、坦誠、關懷、尊重和同情、真誠的同理心。這些不只是要嘴皮子來服務的字眼而已，這些態度的精髓是去接觸且真正地了解另一個人。

13

練習一種助人的心理狀態

　　學習助人的態度需要練習。事實上，在這方面我們會好好花上一個多月的時間，訓練學諮商的學生進到一種助人的心理狀態——那是一種容許更多其他的覺察，以及更多聚焦專注的歷程。以下包含了步驟，我們建議你試著在和某人的對話中使用。

- **做個深呼吸。** 像在瑜珈裡，這稱作一次淨化的呼吸。把所有分心、所有競爭性的想法，溫和地推到一邊，完全專注於對方。

- **集中注意力。** 每當你的注意力恍惚了，或者你感覺到一些干擾的想法時，就很溫和地把它推到一邊。將專注力抓回到對方身上，保持全神貫注。這完全就像一個冥想的狀態，你在當中練習思索。

- **阻止自己下評斷。** 盡可能地保持中立及接納。即使你不贊同這個人的行為，你還是可以接納對方是個人。如果學生覺察到你一丁點兒的不贊同或批判，你原有可以幫忙的任何機會都會消失。

- **運用你的關心和同理。** 當你看著這人時，打開你的心，用這樣的方法，你能真正地去感覺，且傳遞你深深的關懷和在乎。

　　如果你觀察發球前的專業網球選手、棒球投手或任何其他演出的專家，你就會注意到他們都遵循著一種儀式，來幫他們進入最專注的領域。你會看到他們深吸一口氣，以及遵循著上面所述一系列的動作和姿勢，所有的這些都幫他們把注意力完全集中到他們正在做的事情上。這就和練習諮商技巧一樣：你進入到一個你能傳達和感覺更多同情的領域，在那當中，你可以聽到且看到在其他方面可能還看不到的事物，也能付出更多原本自己所做不到的。

　　和我們在本書所呈現的技巧不同的是，你無法只靠練習就學到

14

這些態度。為了能對孩子（或任何人）產生關心和同理，特別是在他們走入歧路變得不可愛時，你必須許下重大承諾，你必須擁有更強的約束力。顯然地你得全心投入，因為你早已經選擇了教育這項專業。

但是請記得，幫忙的舉動不僅只是施用一些技巧和手法，這同時也代表著，你意圖帶給某個正掙扎或處於極端痛苦中的人，一些安慰和肯定。

諮商的整合取向

你很清楚，教育家長久以來都在爭辯著，提升學習的最佳方法為何。你已經學了好幾打的理論，每一個理論都提出了相當獨特的說明，以解釋孩子是怎麼學習的。對於老師應該運作的唯一最好的方法，你也已經涉獵過相當多不同的見解了。你已經聽過：老師主要應該集中精神，試著去增強和管理孩子的行為舉止。你必定也曾聽過：發展、建構、人性或認知等學派，功效都一樣很好。然而真正令人困惑的是，你所有的教授和你曾讀過的作者好像都是對的——真的有一堆相衝突的教學理論卻都同樣有效，即使它們依據著不同的推測，甚至是相互矛盾的原則。

這些爭辯在諮商界同樣大鳴大放地存在著。有四百多種不同的助人系統，都宣稱有實證顯示它們的做法是最棒的——它們發現了「真理」。我們不想專注在不同學派的獨特性上，相反地，我們聚焦在幾乎所有實務工作者都同意是重要的要素上。任何一般的助人取向，不論是諮商師、心理學家、心理治療師、社工師、老師或巫醫所使用的（不管是我們文化裡的或其他地方的），都會有相似的運作成分。

▶ 改變意識狀態 ◀

15

不管在教學上或諮商裡,所有助人理論的主題,都在啟發知覺的改變,以及對思想、感覺和行為產生影響。如果學生處於願意接收影響的狀態中,那麼,努力要完成這些任務就比較可能會成功。從願意接收增強到能發生改變,必須在人們處於較能接受建議的心境時;這是一種任何人都可以營造的情境,任何想建構可以引導改變的環境者都可以做到。想要增強你在孩子眼中的地位、專家形象和能力,而使他們能更容易接受你所必須提供的協助,以下有些事情是你可以做的:

○ 增加改變的狀態 ○

- 透過介紹小說所產生的刺激,獲取學生的注意力和興趣。
- 變換你的聲音和肢體語言,以增強或減弱所需的激勵。
- 使用放鬆法幫助學生保持安靜。
- 在學生感興趣的領域中,藉著專家角色的示範來增加可靠性。
- 預測將發生的事情,然後讓學生去證實你的預言。
- 使用音樂和其他特殊的效果,讓學生能處於接收的心境中。
- 減少威脅的感受,以增強學生的接收力。

▶ 安慰劑效應 ◀

存在於任何改變歷程裡的一個普遍性觀點,就是要能影響孩子的信念系統,由此他們較容易被說服。醫生也是這麼做的,當他們開始提供比較好的醫療時,他們會附帶地說:「我知道這會使你覺得好些。」當我們能和孩子溝通,讓他知道我們所做的成效很好時,

本質上我們是在做同樣的事情。藉著相信我們可以幫得上忙的力量，我們提供希望和啟發給那些常放棄的人們：

> 我很高興你決定來和我談。我聽過一些孩子表達了類似你所提到的那些擔憂。我確信我們談過之後，你一定會覺得比較好，而且我知道我可以幫助你。

這訊息有個幾乎像催眠劑的特質，溝通著我們的信念：我們所提供的歷程真的有用。和另一個充滿疑慮的陳述相比較：

16

> 嗯，啊，你真是處在個艱困的情境裡了。我真的沒有很多談論這種事的經驗。我不確定我可以做些什麼。管他的，我們還是可以談一下，然後也許會有些作用產生——雖然我挺懷疑的。

後面這段陳述聽來可能幽默誇張，但你可能會驚訝於它無效且拙劣的方式。老師們試著幫忙，但用這樣無助於溝通的方式，只會造成沮喪和悲觀的結果。在你不想使你的專業和訓練程度大打折扣時，你就會想給人們希望。

▶ 治療關係 ◀

在我們會提到的所有普遍性特色中，助人關係可能是其中最有力的因素。大部分的人為他們生命中的親密而努力；每一個人都希望和別人有關係，且期待被了解。許久以前，我們都歸屬於緊密相連的朋友、親戚和鄰居等族群，那時我們彼此關心；然而，現代生活提供了較分隔、疏離的生存方式。孩子們渴求親近的關係，成人

也是。在每個助人系統中有一個共同的要素，就是強調要營造開放、信任、接納和安全的同盟關係。這種助人的關係在某些方面變成內在的痊癒。它提供了舒適和支持；當然，也激起嘗試冒險的動機。治療關係成為我們在助人歷程中做任何事情的主要核心。

雖然你可能過度擔心要用「正確」的助人會談，或要確實地練習諮商技巧，但底線最大的不同在於，這是你和你學生的關係。如果學生感覺到你的真誠、你的信任、你的舉止方式，那就可以使他們的生活產生大大的不同。

○ 建立關係 ○

- 從小而漸增的步驟開始。
- 敏銳覺察學生的準備程度。
- 仔細留意：能把人抓得更近，或推得更遠的是什麼。
- 傳達你的關心和強烈的興趣。
- 顯現你的溫暖和容易親近。
- 確認你聽到且了解他所說的。
- 展現你跟學生的約定。
- 要保持一致性。
- 示範開放和誠實。
- 練習深層同情與同理

17 ▶▶ **宣洩歷程** ◀◀

很久以前佛洛伊德（Sigmund Freud）發現，當人們有機會去探索正困擾他們的事情、能不被打斷地談論他們的恐懼和憂慮，他們之後通常會覺得好很多。每個諮商學派都有其宣洩歷程，此時人們

被允許且被鼓勵談論任何最苦惱的事情。只要展現一些建立關係的技巧，你就能在這最後的兩項要素上運用得非常好。

實質上，大部分發生在諮商會談裡的事，是建造一個安全的地方，讓人們說他們的故事。我們不是說預演的故事，不是那種一說再說彷彿機械式記憶的背誦。相反地，我們所說的是真誠、深沉地說著生活經驗的機會，藉著這樣的方式，讓人覺得被聽到和被了解。每個人都有秘密。每個人都會對其生活中的某些事覺得羞愧。每個人都掙扎於過去那些可能是創傷或恐懼的事物中。而如果能和其他人談他們所活過的，或現在他們所經歷的，大部分的人都會覺得明顯好轉。

▶ 提升意識覺察 ◀

任何重大的改變都意味著，你看待自己、他人和世界的方式產生了改變。身為老師，你特別適合去促使這樣的改變。你不僅有興趣增加孩子對世界的覺察，同時也想增加他們對自己和其他人際關係的覺察。因此這項諮商的要素，就和提升更多自我了解和自我探索有關；這些任務當然是在教師角色的範圍內。

我們這裡所說的，是幫助學生更了解自己及世界。依據情況、學生和你的派別，有許多方式可以選用：

- 標示矛盾：「真好玩，你數學那麼好，在我的課竟然有困難。你猜差別在哪裡？」
- 連結同類：「這是你第三次在同一個地方遭遇困境。好像有個模式在形成喔！」
- 不設防地面質：「你說你是個失敗者，但我注意到你好像有幾個朋友似乎都非常關心你。」

- 鼓勵嘗試建設性的冒險：「在這方面，你可以做什麼來
  獲得更多自信，那將來你就不用經歷這樣的恐懼了？」
- 挑戰誇張：「你形容自己，不管怎樣總是會取悅別人，
  但我注意到有好幾次，你讓我不開心。」
- 問困難的問題且不提供答案：「你想你許多朋友都那樣
  做的意思是什麼？」
- 示範不確定：「有時我自己都不確定到底是怎麼回事。
  我一生都努力嘗試去理解。」

18

　　用所有這些和其他的形式，你都是在挑戰學生，使他們更深入
地看到他們典型運作的方式。你在幫他們理解他們自己的行為。這
些洞察力本身，通常不足以促進改變的持續，但它們仍能提升那種
自我反映的活動，鼓勵變得思慮更週到，且更具意識地做。

▶ 增強 ◀

　　諮商把治療的關係當成一種手段，系統化地雕塑出較能發揮功
效的行為，且使自我挫敗的行為失效。當孩子陳述，這是她第一次
真的知道為何她一直有這類的問題時，我們立即提供支持；同樣地，
當她做出之前不好的行為時，我們審慎地忽略或勸阻這些反應。這
種強化作用在對話中可能是很細微的：當孩子說到覺得有力量和有
掌控的感覺時，我們微笑點頭；然而，當她的行為被動而依賴時，
我們則表現得較中立且較不支持這行為。當然，使用任何行為原則
的同時，其所存在的挑戰性即是要能清楚地表達：雖然我們贊同或
不贊同某個行為，但是我們都會繼續無條件地關心這個孩子。

➤ 預演 ◀

　　助人會談提供給孩子一個特別的好機會，可以在治療關係的安全中，且能獲得充分回饋的狀況下，去練習新的行為。例如，一個孩子畏懼告訴父母他想參加辯論社，而不想參加足球選拔（一項他厭惡的運動），因為他認為他們會取笑他。老師幫他預演一段對話，讓他可以在當天稍晚他父親下班回家時對父親說。

　　老師：「好，假裝我是你爸爸。告訴我你想說的。」

　　孩子：「我想我做不到。他就是不會聽的。」

　　老師：「你是說你連試都不想試嗎？」

　　孩子：「嗯，大概吧！」

　　老師：「聽起來你好像不太確定。」

　　孩子：「喔！對啦！我真的想試著告訴他！」 *19*

　　老師：（轉換到父親的角色）「那，兒子，你想告訴我什麼？」

　　孩子：「嗯，爸，我，啊，我只是想要……我是說……喔，算了。」

　　老師：（提供支持）「嘿，那至少是個開始。這次只要說你想說的，別擔心他會怎麼回應。」

　　繼續這段教練式的對話，可以幫助這個男孩在溝通中清楚表達對他而言最重要的事。他收到回饋，這是他可以去嘗試的策略。最重要的，他有機會以更有力的方式去演練行動，即使和他父親的對抗結果，無法如他所預期的一般，這仍將是個終其一生都會有用的經驗。

➤➤ 任務簡化 ◄◄

　　我們絕對可以為孩子做的最重要的事情之一，就是鼓勵他們嘗試新的行動方法。大部分的諮商取向都包含要幫助人們完成治療的任務。顯然地，前例中的孩子對和他父親談話有著極端的厭惡。如果我們可以為成功的結果下個定義：不是得到完全想要的，而是有勇氣去做，那麼，不管他父親如何回應他的提議，小男孩都會覺得自己很不錯。

　　許多諮商會談的結束，都會問個案一個決定性的問題：「所以，就今天所談的，你這禮拜將要做什麼？」

　　重點在「做」，因為談話通常不足以促進改變的持續。就像生活的另一面，在助人對談裡，人們全然了解他們正在做什麼、為什麼這個行為是自我破壞的和怎樣地自我破壞，但卻還是會一再繼續這個行為。不管會談如何地結構化，通常有用的是去問學生他們打算做什麼，那會讓他們更靠近他們想要的目標。

　　前述提及的每一項要素，不管任何理論派別的使用者都會在諮商過程中運用。在我們深入去看和孩子的諮商會談裡真正包含了什麼之前，請謹記在心：即將介紹的，是一個近乎全球的多數專家都同意的普遍性取向。當你獲得更多的經驗和訓練之後，你就能很有效地採用此一取向，去更貼近你的人格特質、教學風格及學生。

諮商歷程的回顧

　　諮商歷程遵循著一系列合於邏輯和次序的步驟，但也可能在你努力想解決問題時，還會直覺地發現些什麼。雖然這些要素好像是以各自獨立的方式呈現，事實上，它們彼此經常重疊，以至於很難

判斷諮商進展正處於何種階段。最重要的是，你應對助人歷程中如何幫助別人、孩子通常會經歷的階段等有概略的認識；一旦你確認目前幫助學生的情形正位於諮商歷程的何種階段後，你將更容易形成前往何處的藍圖。

此外，在幾種不同的諮商取向和諮商歷程中，有某些特別的階段相連結，雖然將提到的每一個技巧，通常在任何時間都可能會被用到，但習慣上，它們比較常被用在特殊時機。例如，通常你會在探索階段詢問較多問題，而在行動階段則常做某些初始的目標設定，這樣是很合理的。

≫ 評估 ≪

在你企圖做些幫得上忙的努力之前，必須對「怎麼回事」有個概念。諮商師和治療師稱為「確認呈現的抱怨」，但事實上這是一種有系統的努力，幫助孩子描述可能的困擾為何。而蒐集任何和孩子擔憂有關的重要背景資料也是極要緊的。

有個孩子告訴你他很沮喪，問你要怎麼辦。甚至在你開始闡述這問題前，就有許多事需要先被釐清。最初的問題可能是：你所謂的「沮喪」是指什麼？對於這種自我描述，有著那麼多可能的解釋。我們要處理的是慢性、棘手的、會導致自殺念頭的憂鬱症，或只是對某些事覺得沮喪？

當你想像自己在實施這項評估時，就可能會發現自己所需要的一些技巧並不在你的專業能力中。下一章會仔細地複習所需要的特殊技巧，但現在，我們將簡單地說明在不同的階段中，有哪些技巧較為重要。一開始，最常和評估相連結的諮商技巧有：

1. 問問題以探索問題的本質、蒐集相關的資訊，和促使學生繼續述說經歷。

2. 反映孩子的想法和情緒，以鼓勵深層探索並傳達你對於所說的了解。

3. 澄清所呈現的內容，用這樣的方式，你和學生雙方可以在主要的主題上達成一致的共識。

21 　　舉個這種行動歷程的例子，想像有個孩子告訴你，他很沮喪，因為他沒有很多朋友。在你可以幫這孩子之前，你會想先知道什麼？這裡有些你可能可以詢問的問題：

- 你沒有很多朋友是什麼意思？
- 你和誰比較好？
- 到目前為止，你嘗試做過什麼來解決這個困難？
- 當你覺得低落時，你會怎麼辦？
- 有誰知道你有這個憂慮？
- 你希望我可以做什麼來幫助你？

　　藉著反映技巧的使用，可以鼓勵孩子詳細說明他所提出的主題。你會發現透過反映，上述的問題很少需要直接提問。最後，你和孩子雙方對於孩子在掙扎些什麼，以及他最需要協助的是哪部分的問題，都會有個更清楚的概念。

➤ 探索 ◄

　　一旦你確認了呈現的抱怨後，在邏輯上，下一個步驟就是對怎麼回事再挖得更深入一些，以發掘出這憂慮和孩子生活的其他面向是怎麼相關聯的。你繼續使用反映技巧來幫他澄清他的感覺和想法。使用「高層次同理」的技巧，可幫他了解在他經驗中隱藏、偽裝和不易察覺的細微差異。同理意味著你能夠進到某人所描述事件的表

面內容之下，進而感受到他或她正經歷的那個重點。在這探索的階段，你會在孩子的經驗裡，使用你的敏銳度和理解力，幫助他獲取更深層的覺察。

對於沒有朋友的男孩，也許可以幫他探索深層的孤寂感，以及和他人之間的疏離。他會覺察到他多想要有親密的朋友，他多希望可以改變現在的情況。因著老師的探察，他也清楚了他所感受到的一些憤怒，是因父母讓他搬離了他很滿意的舊家。在這談話之前，他從來無法大聲說出，失去老朋友讓他有多悲痛，而且，他多麼憤恨未經他同意就將他從原社區抽離。

≫ 理解 ≪

對一個人的感覺和想法探索得越深沉，這探索歷程的結果所產生的洞察就越深刻。此時，助人者使用更多積極性的技巧，例如面質、詮釋、自我表露以及供給資訊，來幫助孩子了解自己在困難產生的過程中所扮演的角色。此外，很典型地，洞察會隨著理解而產生——了解這問題為何及如何發展、這孩子做了什麼而妨礙了改善，以及有什麼主題一再地在他的生命中重複發生。

22

◦ 可以養成的洞察類型 ◦

- **變得能覺察深層的感覺。**「我以前不知道我對那件事這麼生氣。」
- **領會潛意識的念頭。**「當我對你不高興的時候，我猜我其實是氣我媽媽對我的禁足。」
- **學著警覺到某些行為。**「我以前不曉得我會在每個句尾提高音調，把每件事都變成了問句。」
- **擁有自我否定的部分。**「我想，我不用永遠都是個好棒好棒的

人。有時候我可以是調皮的，試著去把事情攪和得更有娛樂價值。」

- **理解自我挫敗行為的隱藏式補償。**「我從不曾真的認為待在憂鬱裡會有任何好處。但現在想想，我猜我確實獲得了許多同情。沒有人期待我怎麼樣，而不管什麼時候我想生氣，我都有特權。」
- **面質那些具阻礙性的不合理想法。**「好吧，所以我被隊裡踢出來並沒有那麼糟。但你得承認，在我那麼努力之後，這還真是令人有點失望。」
- **建構一個替代性的個人現實觀。**「有時我沒有從頭做到完，並不真的就表示我是個失敗者。」

那孤寂的孩子能面對這樣的真實感：原來之前的生活並不像他想像的那麼棒。事實上，在他舊有的社區中，他也是同樣寂寞；讓他覺得似乎有較多朋友的唯一理由，是因為緊鄰他家附近有比較多孩子。他仍然沒有接近很多人。因此，對於自己的苦境，他開始負起較多的責任。事實上，他正視怕被拒絕的恐懼，也看到他在其他人有機會拒絕他之前，就先把別人嚇走的策略。他也清楚了自我挫敗的方式，就是阻止自己去開發更多關係：他告訴自己一些負面的事情，且誇大了——如果有人不想跟他玩的話，就會出什麼亂子。最後，他的老師幫他了解：只要他願意冒點小險，嘗試一些新的行動方法，他真的有改變這整個生活模式的力量。

23 ≫ 行動 ≪

雖然理解和洞察是很棒的事，但若沒有改變行為的動作，那麼實際上還是沒用。世上有許多人來來去去，他們非常清晰地理解他

們為何會搞砸一些事,但是他們拒絕採用任何方法改變自己。因此,助人的行動階段就要接軌到行動步驟,幫助孩子把他們所知道的,轉譯成可以幫助他們達成目標的計畫。

行動歷程的首要部分,包含讓這孩子建立他或她想要達成的目標。其次,使用各種不同的技巧,包含從問題解決到角色扮演,老師幫助學生設計一套可以實行的替代行動方針,然後公開表態承諾遵循。

老師協助那個孤寂的男孩去澄清,那些他不能或不願做的事情中,哪些是他確實希望能夠做的。最為顯著的是:(1)開展新關係;(2)克服被拒的恐懼;以及(3)停止做些企圖趕走人們的事情。幫助他更清楚地定義這些目標的意義,也就是說,把他所謂的開展關係,或使他容易回絕人們的那些特別事件,分解成較小的步驟。然後再幫他一小口、一小片地消化他的終極目標,且慢慢地達成微量增加的進展。他可能從和班上同學交換愉快的一瞥,或者分享午餐時的甜點開始;從此處著手,最後他可能做到去問新同學可否和他或她一起吃午餐。練習完這些他可以指派給自己的真實作業後,他可能會邀請某人到他家玩,而更重要的是,即使他或她不能或者不願來,也不會因此覺得被毀了。

▶ 評量 ◀

助人歷程的最後階段重點,包含和孩子評量他或她想要的目標的完成程度。有系統的評估進展,將有助於衡量你介入的影響,且幫助孩子釐清他已經完成的以及還沒做的部分。

身為老師要引導孩子走過整個歷程,由於時間和時機有限,在你嘗試幫助時,轉介亦扮演重要的角色。如果你什麼都不能做,那就讓孩子們覺得和你談話的經驗很好,這樣當你建議他們尋求額外

的幫助時，他們就會比較願意接受。

　　例如，有一個受苦的學生在克服她和他人接觸的厭惡上，確實有了明顯的進步。更重要的是，老師幫她澄清了她對困境的感覺，且接受她對自己做了些什麼，而不是別人對她做了些什麼的責任。

24　**助人歷程**

階段	技巧
評估	專注 傾聽 聚焦 觀察
探索	反映情緒 回應內容 探問，問話 感覺／同理
理解	詮釋 面質 挑戰 供給資訊 自我表露
行動	目標設定 角色扮演 增強 做決定
評量	詢問 摘要 支持

除了她面對人際關係的害羞之外，這女孩還有一些其他的困　*24*
難，例如低挫折容忍力、不具支持性的家庭生活，以及當事情不順
心時就放棄的歷史。由於這些糾葛，進展雖然相當顯而易見，卻也
變得不穩定。老師了解他既沒有時間、也不打算和孩子做較深層的
部分。因此，在和學生一起做的評量歷程中，老師決定，這學生需
要的協助比他所能提供的還要多。於是老師勸服她的不願，讓她開
始跟另一個人晤談，而且向她保證，他仍然會是她的支持。後來這
孩子願意接受老師的建議，和學校的諮商師晤談，也和諮商師找出
可能的處所或社區裡的某一處，做為她可以獨自繼續練習的最佳地
點。

諮商歷程和助人技巧的連結 *25*

現在你對和孩子諮商的角色功能有了大致的了解，你也可以意
識到，你會需要一些技巧來發揮治療原理，即依循著助人階段的順
序移動。在某些案例中，你可以真的完成所有階段，有令人滿意的
解決，有時甚至只在一段簡短的師生對話中，就完成這個助人歷程。
然而，大多數的時候，在事情尚未完全處理完之前，多專注在事件
的探索，且留待下次或由另一位專家來處理到完善，是比較實際的
作法。你主要的工作，只是很簡單地讓學生知道，你是關心且有技
巧的傾聽者，你可以示範你對他們經驗的理解，而且你是他們可以
信賴的人。

活動建議

1. 定義專業助人關係和朋友關係有何不同。

2. 回想一個你生命中未解決的事件。使用諮商歷程的步驟來幫自己做：(1)事件的評估；(2)潛在主題和相關事件的理解；(3)你提議要做的行動計畫；以及(4)你打算如何評量你努力的結果。

3. 不批判和接納是助人歷程中的重要元素。確認幾個和孩子談話中可能會出現的，或者你可能感覺特別強烈的（例如墮胎、嗑藥、性行為、歧視等等）主題。想像有個孩子表達和你相反的價值觀，你要明確而有系統地陳述那些可以避免加重批評、批判態度的回應。

閱讀建議

Cochran, J. L., & Cochran, N. H. (2006). *The heart of counseling: A guide to developing therapeutic relationships.* Belmont, CA: Wadsworth.

Corey, M. S., & Corey, G. (2007). *Becoming a helper* (5th ed.). Belmont, CA: Wadsworth.

Deiro, J. A. (2004). *Teachers DO make a difference: The teacher's guide to connecting with students.* Thousand Oaks, CA: Corwin Press.

Gazda, G. M., Balzer, F. J., Childers, W. C., Nealy, A., Phelps, R. E., & Walters, R. P. (2005). *Human relations development: A manual for educators* (7th ed.). Boston: Allyn & Bacon.

Kottler, J. A., & Carlson, J. (2005). *Their finest hour: Master therapists share their greatest success stories.* Boston: Allyn & Bacon.

Sommers-Flanagan, J., & Sommers-Flanagan, R. (1997). *Tough kids, cool counseling: User-friendly approaches with challenging youth.* Alexandria, VA: American Counseling Association.

Welfel, E. R., & Patterson, L. E. (2005). *The counseling process: A multitheoretical integrative approach* (6th ed.). Belmont, CA: Wadsworth.

26

3 CHAPTER

評估孩子的問題

　　教室後面，尼克正趴在桌上。偶爾，你會看到他眼睛突然睜開一下，然後就嘆口氣，深埋進他護衛的臂彎中。當你繼續上課，試圖專注在你接下去要做的事時，你又不得不擔心這男孩到底怎麼了。在你對這事能理出個頭緒之前，你注意到教室另一邊已經開始的爭吵聲。布蘭達一直戳著無法停止傻笑的泰瑞莎。混亂吸引了其他小孩的注意，所有的人都變得越來越不安；除了尼克仍然維持不動，他只有眼睛和額頭有表情，其他仍是凍結的姿勢。

　　於是你決定要突然變換方式，規定全班要完成一份作業，因為不管怎麼做，他們那時是不會真的聽進你說的。於是，每個人盡責地拿出他或她的紙和筆，把書翻到正確的頁數，且開始做作業──也就是除了尼克，每個人都照做了，他不是在睡覺，就是迷失在自己的世界裡。

　　你知道你必須做些什麼來處理他。你得走近尼克，但在此之前，你需要對可能發生的狀況整合出一些想法。這真的很不像他。通常他很有活力，會是第一個舉手答話的人，但現在狀況很不對勁──這小孩看來受了打擊。

你立刻想到一些可能性。畢竟在你能介入之前，首先必須對問題可能是什麼要有些概念。他太累了嗎？那是第一個浮上心頭的想法，也許為了某些原因使他整晚沒睡好；可能是家庭問題，或是家裡的一些重大改變。

你也會想到另一個可能性。你的直覺告訴你，他看來很沮喪。你注意到一些徵兆：他似乎昏睡且無精打采。最近他似乎對什麼事都提不起勁。他的哀傷，甚至也許是寂寞打動著你，但那可能只是你自己看事情的角度，而不是他真正感覺的方式。你猜想他近來的食慾不知如何？他最近是否經歷了創傷或失望？或者，伴隨著這受挫的情緒，他是否有任何生理的徵兆？

28

也許你看到的並不是沮喪、悲傷或哀愁，極可能是其他的事情。他這麼做可能是要引起注意嗎？這可能是個求救的呼喊嗎？因著某些理由，他現在對學校較不感興趣。也許他只是對你那天上課的內容感覺無聊；或者，他正在腦中作曲或寫故事，而不想被打擾。

好啦，你可以隨意推測，但是唯一能掌握尼克行為的方法，就是直接和他對談。你希望他會告訴你他在想什麼，或至少能對諮商師說。但在你決定什麼會是最好的行動方向之前，你需要先評估狀況。

辨識沮喪症狀

評估是教師工作裡一個重要的部分。你一直被教導去熟悉一些孩子的困難，包括低學業成就、認知缺陷、學習障礙、行為問題，以及受虐兒的特徵。然而這些呈現的困境及比例，在孩子日常的生活奮戰中，僅占了很小的片段。他們奮力地將自己打造成一個獨立自主、自信和稱職的人；他們努力地度過和完成許多生理的、認知

的、情感的，以及與道德相關的成長轉變；他們從家庭的壓力和緊張，以及同儕的壓力中復原，拚命嘗試找到世上的歸屬。他們正試著做出許多有關學校、朋友、工作和未來等生命中的重要抉擇，而這些只是孩子所遭遇到可預期的和一般的適應問題。

你班上大約五分之一的孩子正受苦於情緒困擾——還不包括一般童年適應困難。這些孩子有高焦慮、因焦慮過度而出現的身心症，以及壓力相關症狀，例如習慣性頭痛、胃痛、潰瘍和失眠。憂鬱在學齡孩童間也相當常見，是一種常被忽視的情況，因為這些孩子傾向於退縮、被動和安靜——不是會使他們自己被注意到的那種類型。這類孩子還會有自殺的可能，也常在教室裡呆滯地凝視著黑板時，花了過多時間計畫他們自己的死亡。此外，也可能會有其他孩子有濫用藥物或飲食失調的潛伏性症狀。

當然，你會注意到那些較為明顯嚴重性格違常的徵兆，但絕大多數孩子的問題，都會被未經過訓練去留意這些警訊的老師給忽略了。

孩童生活的壓力

29

孩子們在其有生之年，會遭逢無數的壓力源，使得他們要去掌控和年齡相稱的發展任務時，卻發現那遠遠超出他們所能挑戰（見表 3.1）。

從出生那刻（出生本身就是驚人的壓力事件）起，孩子們就需要應對新挑戰的不斷打擊，其中許多似乎都無法讓他們從容地處理。不像成人，在他們的掌控下，有一系列的應對機制，包含他們對環境的絕大掌控、更多的選擇，甚至治療處方；年輕孩子們通常只能隨他們無法掌控的事物起舞。父母、老師和較大的孩子告訴他們要

30

29　表 3.1　成長階段和主要壓力源概述

階段	年齡	發展任務	主要壓力源
嬰兒期	出生-3 歲	學習信任，熟練餵食、溝通、移動、說話、爬行、走路等身體任務	對於滿足需求、控制身體、環境障礙覺得無助
童年	3-6 歲	和同齡夥伴相處、學習社交技巧和角色、發展獨立、控制自我行為、學習性別角色、學習對或錯	挫折、首度衝突、罪惡、自我抑制的處理
學齡	6-12 歲	發展能力感、學習基本價值觀、學習閱讀、發展社交圈、適應兄弟姊妹、學習抽象推理	自卑、學校和運動的表現、情緒的掌控、延緩喜悅
青少年	13-18 歲	發展認同、計畫未來工作、組織時間、了解性別傾向、同儕角色	社交壓力、毒品、情緒變異、荷爾蒙的改變
成人初期	19-23 歲	發展親密、教育和見習、生涯計畫、學習去愛、建立友誼	寂寞、性慾、生涯困惑、財務依賴

資料來源：取自 Kottler, J. A., & Chen, D. (2008). *Stress management and prevention.* Belmont, CA:Wadsworth.

30　怎麼做、何時或如何去做，然後，如果表現不符期待，則施予責罰。

年輕孩子可能七、八歲大時，就開始了許多壓力超載的早期徵兆，包括尿床、體重增加、退縮、孤立、愛表現、突然且沒來由的恐懼、魯莽輕率、情緒爆發、原因不明的生理問題、迴避、挑釁或暴力行為、用電視和電腦遊戲逃避現實，甚至使用毒品。

到了青少年時期，伴隨著荷爾蒙和身體的改變，以及社會的壓力，甚至帶來更嚴重的成長挑戰。這是人們在生命中經歷最不同且

壓力最大的時期，在家和學校、在同學和家人間，都有調適的困難。除了剛剛前面提及所有年輕孩子失能的證明之外，青少年還必須處理沉迷於酗酒、毒品、飲食失調、性濫交和幫派的誘惑，所有的這些，即使有負面的副作用，都提供了暫時的壓力緩解。

在評量的過程當中，你的工作不只是要記錄孩子生活中出現的壓力，那是普遍且無可避免的，更重要的是判定程度和期間，何時會超出可以合理的忍受。有些孩子反抗壓力所呈現的挑戰，反而產生了更強烈的結果；其他孩子則投降或埋首於自我毀滅的行為。只要你知道怎麼去尋找，你就會注意到這些行為。

評估歷程

任何設計來幫助孩子滿足所需的治療計畫中，最具難度之處在於正確地評估他們的困難來自哪裡。例如，假設一個孩子安靜地坐在教室裡，很少參與討論，他的眼睛垂視，他的姿態萎靡；他和其他的孩子幾乎沒有互動，也從沒和你有過任何交談。這孩子有情緒上的問題嗎？如果有，問題的本質又會是什麼？

這確實是個非常好的問題，而且沒有確切的答案。這孩子的行為可能意味著一些事情：他是習慣性害羞？他很憂鬱？他覺得疏離又寂寞？他患有自閉或精神分裂的疾患，因此和人群脫離？他有吸毒或過度的藥物治療？他晚上一直睡不著所以累了？還是在他的文化裡，他的行為是被所屬族群所認同的？因著不同診斷的向度，就會衍生不同的介入建議，以及可諮詢求助的專家。

光察覺到孩子有些不對勁是不夠的，在能採取適當的行動之前，不管是要聯繫父母、社會福利單位、學校諮商師、內科醫師或其他任何人，你都必須對這是怎麼回事有個粗略的概念。

31

　　透過系統化的行為觀察過程，決定孩子是否面臨潛在困難，將可能性縮小到一些合理的假設，然後開始發展一些行動模式，此乃類似內科醫師和心理學家的差異診斷方法。你的工作是去找出是否真有嚴重問題，而且倘若果真有時，該怎麼應對。

　　基本上，你必須問自己一系列必要的問題：

- 這孩子的行為有何不尋常？
- 就你所觀察到的，是否有固定模式？
- 你需要什麼資訊來做出明智的判斷？
- 你可以和誰聯絡以蒐集背景資料？
- 如果需費時較久才能理解怎麼回事的話，會產生哪些風險？
- 這孩子是否處於立即的危險之中？
- 你可以做什麼和這孩子建立較好的關係？

　　要能確實地診斷出一大堆的情緒病症，區辨它們彼此的差異，然後開出對應的治療處方，這當然超越了教師的角色範圍；但若有額外訓練和被督導的經歷，那要你能熟練地辨識出陷於問題中孩子的一些徵兆，就還滿合理了。然而，你得非常小心，避免僅根據他們部分的行為表現就把孩子標籤化。即使他們確實如此，但診斷結果會長時間地、習慣性地影響這個人，導致日後產生偏見。例如，一旦學生被標籤為「情緒困擾」、「過動」、「學習障礙」或「對立／反抗」，要逃離這些名稱就很困難了。換句話說，我們得提醒你，雖然沒能辨識出一些情緒問題的跡象是很嚴重的失誤，但是，扮演「業餘的心理醫師」，根據有限的資訊及訓練就對孩子診斷，是更糟的事。

蒐集額外的資訊

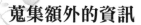

一旦你的注意力被引到一個孩子身上，他似乎顯現出潛在問題的跡象和需要幫忙時，那下一步就是要透過觀察和進一步的研究，來蒐集更多的資訊。這些資訊可以用幾種方法來蒐集：

32

- 和孩子先前的老師談談，獲得一些資訊，可拿來和你所觀察到的現象做比較。
- 詢問曾和這孩子相處過的其他老師及職員。
- 了解更多有關這孩子確切的文化背景，找出你所觀察到的行為是否符合其文化規範。
- 回顧所有可能的學校紀錄。
- 找這孩子的朋友談，得知他們對「可能是怎麼了」的想法。
- 安排時間和家長會談，明瞭孩子在家的情況。
- 最明顯的行動路徑是直接和學生談，並且讓他或她知道你的關心。

如果沒有訓練或準備，除了孩子呈現很困擾的事實外，其他的會很難被你觀察到或發現。我們將複習一些你可能常會碰到的疾患及障礙，也會列出你可以觀察到最普遍的一些症狀，然後敘述一般的治療策略，以便你可以採取適當的行動或做通報轉介。

在處理任何評估歷程時，諮商師和心理學家通常遵循一個流程，企圖做到下列事項：

1. 使他們自己熟悉孩子的世界，包含主要文化、家庭歷史和現今的生活情形。
2. 針對智力、學業、情緒、人際關係、品行和行為功能等，檢

核孩子發展的助力和阻力。

3. 確認所有呈現的問題，不僅是那些立即可見的，也包括那些可能被掩飾、否認或隱藏不明的問題。

4. 有系統地陳述診斷的觀點，包括急性的症狀、確認可能造成問題的壓力源、人格特質的型態、可能相關的身體不適，以及適應功能的程度。

5. 發展一套療程計畫以符合彼此同意的目標。

雖然你不會參與這個評估歷程裡的許多步驟，但了解歷程運作的方式卻很重要。你最可能會被要求提供重要的背景資料及觀察，那對將接手的專業人員而言，會是很有用的。

在你回顧每一項情緒困擾的種類時，考慮一下你會怎麼做到所呈現的每一步驟。

33

▶ 哀傷與失落（Grief and Loss）◀

● 描述

由於失落，孩子感受到不安的情緒雖然很正常也很合理，但不管是因死亡、離婚、創傷、災難，或生活轉變、慢性或長期的困擾，都需要介入。

● 例子

有個孩子的爺爺突然因病去世。這孩子和這位家庭成員特別親近，因為都是爺爺在照顧他。經過初期明顯的悲傷之後，這孩子開始有越來越嚴重的退化，數月後甚至對學校及朋友都沒有興趣。

● 症狀

病理學上的哀傷，以持續數月的破壞性症狀為特徵。包含失眠、無精打采、意氣消沉、喪失胃口、身體症狀（頭痛、胃痛、噁

心、腸道問題等等）、混亂、惡夢、麻木、恐懼和外顯行為。

● 一般處遇模式

要幫助孩子探索和表達未解決的情緒，需要一個支持、信任的關係。鼓勵孩子談論其失落是很重要，但幫助不在於此。通常有助益的是孩子能了解到：當人們死了，你不是真的失去他們，反而是協調出一種不同的關係，讓他們可以繼續活在你的心裡或腦中。

➤ 廣泛性焦慮（Generalized Anxiety）◄

● 描述

對於自己無法掌控的事情過度地擔憂和掛慮，或者其反應誇張到超越合理的程度。

● 例子

有個孩子不斷地煩惱有關學校、運動及社交的表現。他一直擔心可能會有不好的事危害到他的父母，因此不喜歡離開他們身邊。另一個普遍的例子是考試焦慮，因為擾人的想法，使學生的表現嚴重失常。

● 症狀

噁心、胃痛、頭痛、流汗、口乾、頻尿、頭昏、激動、不安、易怒。

● 一般處遇模式

給予許多保證，使用放鬆訓練及壓力管理，提供一個談論恐懼及學習另一種處理方式的機會，提供諮商與轉介，並排除相關的身體疾病。考試焦慮的案例，需建構環境以減低壓力。

34

恐懼症疾患（Phobic Disorders）

● 描述

逃避和焦慮地回應特定情境，例如待在開放的空間（曠野恐懼症）、離開父親或母親（分離焦慮症）、社交情境（社交恐懼症），或者蜘蛛、蛇、高處等等（一般恐懼症）。

● 例子

在一個令人困窘的經歷後，有個孩子發展成持續性地拒絕上學。當想強制把她帶離家時，她會拒絕離開父母的身旁。

● 症狀

持續性的恐懼、身體的不舒服（流汗、心悸、顫抖、噁心、失去知覺、頭昏眼花）、躲避威脅性的刺激源。

● 一般處遇模式

老師需要和治療者非常密切地合作，治療者可以設計一套包含認知及行為在內的療程。可能會要求做家庭諮商。對於學校恐懼症的病例，建議逐漸減低敏感度。老師可以營造支持性氣氛來協助。

創傷後壓力（Post-Traumatic Stress）

● 描述

在一些恐怖經歷（暴力受害、天然災難、性虐待、搶劫、綁架、嚴重意外）之後，導致失能或功能退化。

● 例子

35

有天孩子從學校回家，發現他父親突然心臟病發作而倒在地上。在這意外事件後，那孩子越來越冷漠，最後對他周遭的任何事物都呈現沒反應和無情緒。

● 症狀

意外事件後至少一個月間，會一再重複地活在創傷事件中，吃睡不正常、行為急劇改變、退縮、注意力無法集中、很難完成課業、有被驚嚇的反應、記憶不良。

● 一般處遇模式

需要許多的耐心、支持和保證。老師應該要轉介孩子給諮商師或治療師，做持續性護理，通常會和家庭治療做連結。老師可以幫忙強化學校的支持系統，且提供孩子一個安全、可預測的環境。

▶ 憂鬱症（Depression）◀

● 描述

一種流行的情感性疾患，孩子會覺得哀傷和退縮，且不想說話。憂鬱症有幾種不同的種類：內源性憂鬱症（endogenous depression）是生物基礎的失調，由體內一種神經化學的失衡所引起；低落性情感（dysthymia）是另一種慢性病，但屬較不嚴重的情感性疾患，不會嚴重到干擾睡眠、食慾或日常功能；反應性憂鬱（reactive depression）是對一些危機或悲痛狀況（悲傷、生活改變的適應等等）的一種急性反應，不會像診斷創傷後壓力的症狀那樣極端。

● 例子

有個孩子剛剛從另一個城市搬到這個區域，他顯得非常安靜、沉默寡言和退縮。有時，你可以看到淚水在他眼中湧現。他大多獨來獨往，而且不主動和其他孩子往來。

● 症狀

輕度案例：哀傷伴隨著可確認的壓力事件而來，而這事件促使症狀發生、低能量、低專注力、低自我價值、史無前例的復發事件。嚴重案例：干擾正常功能、喪失食慾、干擾睡眠、體重減輕或增加、

36

無精打采、退縮、悲慘無望、沉思、自殺的想法與企圖,同時有尋求酒精或藥物使用的跡象。

● 一般處遇模式

輕度的反應性憂鬱,對支持關係的反應相當良好,在支持的關係中,孩子有機會去表達感覺,且對於他或她的困境,可以學習替代的想法。時間通常是最好的治療者。

慢性、低程度的憂鬱(低落性情感),在治療上是比較有挑戰性的。治療師通常試著一起使用支持關係和認知建構的方法。在症狀變得更嚴重和難處理之前,老師可以協助及早轉介。

另一方面,嚴重的內源性憂鬱症,若不介入,則會產生威脅生命的潛在危機。在一些案例中,密集的心理治療加上藥物治療是必需的。老師可以扮演一個很重要的角色,就是確定孩子真的接受了專家的幫助。在轉介時,就所有這些狀況向孩子表達關心和關懷,且讓他知道你會持續關心,以確定他得到所需要的幫忙。

➤ 自殺可能性(Suicide Potential) ◀

雖然在壓力期中企圖自殺,對孩子(和成人)是相當普遍的,這裡有一些明確的警訊,可看出潛在的嚴重意圖:

1. 學年結束(危險增加的時候)。
2. 使用藥物或酒精。
3. 經常沉浸在死亡的幻想中。
4. 缺乏支持系統。
5. 關於孩子會怎麼做的明確計畫。
6. 實行計畫的有用工具(例如家中有一把上膛的槍或一瓶安眠藥)。
7. 曾經有過自我傷害的行為。

8. 孩子的某些姿態可能被解釋為呼救的行為。

9. 親戚曾自殺（提供了一種可以被接受的逃離模式）。

37

10. 重大的心情改變——從憂鬱到興高采烈。

11. 孩子的外表或學業表現有顯著改變。

很重要且須謹記在心的是：都市小孩比鄉下小孩有較高的危險性，而某些少數族群（例如美國的原住民）有高出平均的自殺比例。

預防是非常重要的。老師最能幫上忙的就是：在教室中營造一種氣氛，使每個人能為其他人的福祉負責。幾乎百分之九十企圖自殺（或使用暴力）的孩子，會把他們的企圖告訴某個人——朋友、父母、老師。警覺到孩子的險境，我們可以加強對他們的協助，以預防悲劇發生。然而請記得：預測自殺的行為並不是實際的科學，當懷疑孩子處在危險中，最好要小心謹慎，且向諮商師諮詢。

有時老師會被納入處理校園內自殺事件後續狀況的系統運作中，校園內自殺事件對存活者而言是具潛在破壞性的事件，但通常很少受到關注。如同任何其他的悲劇發生時，老師應該在課堂上花些時間，讓學生討論他們的反應。在提供一段合理的時間達成結論後，就要努力再將注意力導回規劃的課程中。很重要的是，要營造一種「繼續前進」的感覺，並傳遞這樣的訊息：即使遇到很慘的悲劇，生命仍然持續進行著。

注意力缺失過動疾患
（Attention-Deficit Hyperactivity Disorder）

● 描述

高度衝動、精力過盛，但非同齡孩子典型的不專注。這些行為明顯表現在許多環境裡，包括學校及家中，且嚴重地減弱孩子專心

的程度，或完成指定作業的能力。

● 例子

有個孩子儘管明顯有高智商，在學校的表現卻很差。她幾乎總是顯得安靜不下來；在她的注意力不停地從一處漫遊到另一處時，身體會明顯有力地晃動。在學校裡，越是需要專心達成的課業，她就越受挫。

● 症狀

好動或煩躁的行為、很難在一個地方待上一段時間、很容易分心、課堂中有衝動的行為、注意力漫遊，很少完成指定的作業、過度愛說話或不停地打斷別人的談話、很難專心聽話或遵循指示。

● 一般處遇模式

指定結構化的個別作業——要在孩子的注意力閾值之內、有嚴格的外在界線，嚴重的案例需要服藥，這些都是平常的處遇方式。一般而言，會將工作的重點放在幫助孩子發展適當的社交技巧和正向的態度上。

▶ 品行疾患（Conduct Disorder）◀

● 描述

持續地侵害他人的權利，很少理會訂定的規則。這孩子過度具有攻擊性，並在其破壞性、暴力性或反社會的行為中顯得殘忍。

● 例子

有個孩子在不順他的意時，就爆發脾氣，勃然大怒。他暴怒且似乎未察覺其他孩子的感覺。他常被發現會開啟戰端，偷其他人的東西，或做任何事以遂其意。此外，他對自己的行為毫無悔意或愧疚，他覺得被賦予權力可以予取予求，且把別人當成他的奴隸。

●症狀

會用一種殘忍的模式去對待動物或同齡的夥伴；經常打架；有計謀地破壞他人的財物；侵略行為的開端者，不管是單獨一人或帶領他人。

●一般處遇模式

設定非常嚴格的界線，對結果做立即增強，對規則絕不讓步；漸進地提出更具挑戰性的任務，以改善挫折忍受力；開始做家庭諮商以建立一致的照護；嚴重的案例需要住院治療。

▶ 對立性疾患（Oppositional Disorder）◀

●描述

一種較不嚴重的品行疾患，孩子會顯現敵對、反抗和不合作的模式。這種行為不一定隨處可見，可能只在某些特定的環境中顯現（家裡、特定課程中、特定的人周圍、特定刺激的回應）。這孩子確實會顯現一些對他人權益的關心，且不會為了企圖保護自己而特意去傷害別人。

●例子

有個孩子看起來真的很有敵意的樣子，她甚至很凶暴地反抗你和你要求她做的事。當你要求她做某事時，她拒絕馬上去，有時甚至做完全相反的事。你可以聽到她在背後詛咒你，也能感受到她鄙視你和你的一切立場。

●症狀

頻繁地發脾氣；和權威形象者起立場之爭；一種違抗、報復和干擾他人的模式；經常咒罵及戲劇化的反抗。

●一般處遇模式

設定界線，且不用處罰的方式去執行；檢查你是否也助長這種

對立性行為的發生，因為你也參與了衝突；訂定個別會談的時間表，無防衛性地去面對這行為，且找出較能同理的同盟關係。這些孩子不像品行疾患者，他們對於老師有系統地試著幫助他們改善自我價值、挫折忍受力、情緒控制和攻擊行為，會有相當好的回應。同時，他們對諮商的回應也較好，因為他們必須在過程中和一位權威形象者發展出合作的關係。

▶▶ 飲食性疾患（Eating Disorders）◀

● 描述

飲食行為上的一種失調，特徵為明顯的體重減輕和食物妄想（心因性厭食症）；大吃大喝和催吐的情況（暴食症）；或者持續性地亂吃沒營養的東西，例如顏料、粉筆、石膏、紙張、樹葉等等（亂食症）。

40

● 例子

你注意到班上有個女孩骨瘦如柴，但偶爾你無意間聽到她對朋友評論自己有多胖。她的自尊低。你回想起她以前體重比較重，但從她和男朋友的關係結束後，體重就開始減輕。

● 症狀

心因性厭食症和暴食症的流行，幾乎單單發生在女孩子之間，特別是青春期的階段；完美主義者的行為；在體重減輕發生前是輕度肥胖者；過度關注食物但飲食習慣很糟；扭曲的身材形象。

● 一般處遇模式

實際上在所有的案例中，孩子的朋友和家人都知道她不尋常的飲食習慣，所以老師可教孩子許多麻煩出現時的警訊，和這些疾患的嚴重後果。在嚴重的案例中，飲食性疾患者若不住院治療，可能有致命的危機；較中度的病例，通常家庭諮商和行為矯正會成功。

➤➤ 精神分裂症（Schizophrenia）◀

◉ 描述

明顯地扭曲現實，呈現幻覺、妄想或怪異的行為。雖然其他的診斷也可能有這些症狀（短期精神病性疾患），那要看症狀持續的時間和細微的變化，但你會注意到偏離正常功能的情況相當明顯。

◉ 例子

有個青春期女孩在學校的行為持續變得越來越怪異，其他孩子迴避她且捉弄她；她似乎真的不記得他們的嘲笑或其他的事。她說著荒謬的字句，茫然地凝視窗外，且聲稱她有時會聽到聲音。

◉ 症狀

呈現異常的行為至少一個禮拜；呈現妄想或幻想；語無倫次又不連貫的談話；不合時宜的情緒反應；奇怪、妄想的信念；社交退縮；行為怪異。

◉ 一般處遇模式

41

處遇越早介入預後越佳；相反地，症狀持續得越久，孩子就越可能無法完全復原。治療通常包含短暫的住院治療，以藥物控制虛幻的想法，心理治療幫助孩子重新適應。由於早期的偵察對復原相當重要，老師只要指點孩子找到專業的協助，就會很有助益。

➤➤ 物質濫用疾患（Substance Abuse Disorders）◀

◉ 描述

對酒精、大麻、古柯鹼、鎮定劑、安非他命或其他物質的上癮、依賴或習慣性使用，以致正常功能受損。

◉ 例子

你班上的一個孩子一再地在課堂上睡著，當他醒著時也似乎是

昏昏欲睡。他的眼神有時顯得呆滯，說話含糊不清。數星期來，他的行為和學業表現有明顯的改變。你恰巧知道常和他混在一起的朋友，都是些經常使用藥物和酒精的人。

● 症狀

頻繁使用興奮劑且增加藥量；很難控制劑量且經常攝取藥物；花許多時間在想著藥物；斷絕社交和學校活動；功能性的損傷可能明顯地表現在含糊不清的言語、搖晃的步伐、呆滯或充血的眼睛、易怒、異常活躍或昏睡。

● 一般處遇模式

老師支持的關係會是個催化劑，使學生脫離自我毀滅的習性。要處理這些問題是很困難的，因為問題包括生理的習慣或上癮，以及其同儕團體間交往的增強。通常會指定轉介給物質濫用疾患的專家，因為孩子可能需要相當決然地阻斷他或她平常的生活習慣，以期能完全康復。通常也建議短期的住院治療，搭配家庭諮商、個別諮商及再教育方案。預防真的是最好的治療，在行為未失控前，老師扮演著解說可能危機的主要角色。

42

▶ 強迫性疾患（Obsessive-Compulsive Disorder）◀

● 描述

無法掌控反覆出現的想法（縈繞不去），或一再重複相同的行為（強迫性）。通常是些無意義的想法或行為，但意味著想透過儀式化的行為逃避其他的擔憂。

● 例子

有個孩子在著手任何計畫之前，會極端仔細地先整理書桌的每個部分。她堅持每樣東西絕對要在正確的位置，而且除非每樣東西都在原位上，否則絕不做任何事。她幾乎沒有完成任何工作，因為

她過度擔憂東西的位置。

● 症狀

反覆的行為或重複的想法，使焦慮得以受到控制；強制地想像或衝動至少會使人輕微地失能。

● 一般處遇模式

越早發現縈繞的想法或強迫的行為，被治癒的可能性就越大；行為治療是比較受到歡迎的介入方式；有時藥物也會有效。

▶ 身體化疾患（Somatization Disorder）◀

● 描述

一種長期連續的身體不適，沒有任何明顯的器官病因。這疾患代表身體想轉化壓力。孩子受苦於這些症狀，並不是偽裝的。

● 例子

有個孩子不斷地抱怨胃痛。他被帶去找許多專家，但他們都找不到任何原因。

● 症狀

全神貫注在身體的一些問題上，但其實沒有已知的生理原因。一般的症狀包括腹痛、背痛或頭痛。

● 一般處遇模式

完全排除任何藥物狀況的可能性；專注於改善在學校和朋友間的功能，而不是症狀本身；使用減壓策略，以及個別和／或家庭治療，以探索焦慮的來源。

▶ 人為疾患（Factitious Disorder）◀

● 描述

故意製造生理問題以獲得注意或同情、假裝一個生病的角色，

43

或逃避一些職責。

◎ 例子

有個孩子因為生病蹺了許多課。有一天，她抱怨胃痛且想回家。你告訴她等一下，看看會不會覺得好些。然後，你就逮到她偷偷地試著讓自己嘔吐。

◎ 症狀

一種持續佯裝身體症狀的形式；一種要求和操弄的人格特質；高度需要被關注。

◎ 一般處遇模式

除去孩子裝病後所喜歡得到的結果；提供個別和家庭治療，發現需要被注意的原由。

▶ 性虐待（Sexual Abuse） ◀

◎ 描述

據估計，性虐待的發生率，高達所有女孩的百分之二十五；雖然男孩的比例較低，卻仍是個嚴重的問題。大部分這些事件都未被報導，且嚴重地影響孩子的自我價值、發展和學校的表現。顯然，未來這些孩子極有可能在人際關係上產生問題。

◎ 例子

當你想安慰某個孩子而觸碰她的手臂時，她畏縮了，你觀察到她對任何太靠近她的男性，通常都是這樣的反應。

44

◎ 症狀

畏懼成人，特別是自己的父母；厭惡回家；退縮或退化的行為；常做噩夢；隱瞞家庭生活；報告資料顯示曾有過被不恰當碰觸的經驗。

◉ 一般處遇模式

疑似性虐待事件需報告當局，促成調查；治療通常包括家庭治療，含犯案者的隔離治療；老師有益於協助孩子和關心他或她的成人間，發展出一種安全、信任的關係；通常孩子會在個別諮商中，處理關於背叛、自我價值和伴隨的罪惡感等議題。

▷ 人格疾患（Personality Disorders）◁

◉ 描述

一種比較持久、穩定的人格特質，但被認為是適應不良的。這種人常顯得怪異（妄想性、分裂性疾患）；戲劇化且無法預料（邊緣性、自戀性、做作性、反社會性疾患）；或者焦慮和恐懼（畏避性、消極－攻擊性或依賴性疾患）。

◉ 例子

有個孩子有持續說謊、偷竊、曠課、藥物濫用和殘忍待人的情形。他沒有道德觀也無責任感，對你或其他任何人做出掌控他行為的事，完全沒反應。

◉ 症狀

孩子角色的行為，來自他或她的人格特質、自我破壞及日常生活中非常失能的延伸。

◉ 一般處遇模式

這些疾患的預後通常不是很好，因為這些特性都是長期且穩定的，所以他們會抗拒改變。這些小孩就是會持續在課堂裡帶給你許多麻煩。其處方通常包括密集的、長期的個別心理治療，有時外加團體和家庭治療。許多時候，老師會需要諮詢專家，使這些孩子能一起學習，又不會打擾課堂的運作。

適應性疾患（Adjustment Disorders）

45

◉ 描述

孩子對最近生活壓力事件的反應，例如家人死亡、搬到新地方、生病或關係問題等。比起之前所說的創傷後壓力，這類反應本質上是比較緩和的。

◉ 例子

有個孩子之前是個快樂且非常好的學生，自從被告知父母離婚後，就變得脾氣乖戾、不合作且退縮，他看來很哀傷。

◉ 症狀

孩子生活中有一明確的壓力事件之後，立刻產生焦慮、憂鬱、退縮、行為改變、身體不適或學業表現低落。

◉ 一般處遇模式

這是最能回應老師同理關心的問題種類。如果提供足夠的時間和機會，大多數的孩子都可以靠自己來改善。轉介給諮商師可以加速復原期；加入支持性團體也可以。如果能提供孩子一個談談他們的困擾，以及讓他們覺得被了解的環境，那麼老師往往可以是很驚人的助力。

老師最常會看到最後這一類的問題。很幸運地，這些情緒關懷也是最能回應老師適當助人技巧的問題種類，會對老師普通的助人技巧有很好的回應。

評估後可以做什麼

一旦你對像尼克（本章剛開始時提到的年輕人，他似乎正經歷一種情緒困擾）那樣的學生產生一些可能發生什麼事的假設後，下

一步就是去規劃一些助人的策略。有一些你需要考量的問題是：

- 這孩子似乎有立即危險，需要馬上採取果斷行動嗎？
- 這學生在冒險傷害他或她自己或其他人嗎？
- 這種問題你可以自己處理嗎？或者你應該轉介給其他人？
- 如果需要轉介，你首先應該找誰諮詢：諮商師、學校心理學家、學校社工師、特教老師，還是校長？ *46*
- 如果你要自己處理這個情況，面對這個特殊的孩子，至少在開始時，你應該採取什麼最佳的處理方式？

　　最後一個問題迫使你考慮個人的特性，以及評估孩子的文化背景。下一章你將學到的諮商技巧會適用於每個獨特的學生；當然，端看他們最需要的是什麼，以及當時最有助於及時改善的是什麼。

活動建議

1. 對自己做一份完整的評估，包含學業、教育、職業、社會、家庭和人格特質等因素。想想看你從系統地研究自己的成長發展中學到什麼，這樣的過程如何幫你更清楚找出自己的目標？

2. 訪問一個夥伴，且在幾項明確的範圍中，試著整理一份他或她的優缺點的綜合評估。綜合回顧你的筆記後，找出幾項顯露的關鍵主題。將分析的結果給你的夥伴看，然後幫他或她處理對這回饋的反應。

3. 訪察你的朋友。問問他們在成長期間，老師在哪些方面可以幫上更多忙？

閱讀建議

Capuzzi, D., & Gross, D. (2005). *Youth at risk: A prevention resource for counselors, teachers, and parents* (4th ed.). Alexandria, VA: American Counseling Association.

Fiorini, J. J., & Mullen, J. A. (2006). *Counseling children and adolescents through grief and loss.* Champaign, IL: Research Press.

Haslam, R. H., & Valletutti, P. J. (Eds.). (2004). *Medical problems in the classroom: The teacher's role in diagnosis and management* (4th ed). Austin, TX: Pro-Ed.

Jensen, P. S., Knapp, P., & Mrazek, D. A. (2006). *Toward a new diagnostic system for child psychopathology: Moving beyond the DSM.* New York: Guilford.

Kottler, J. A., & Chen, D. (2008). *Stress management and prevention.* Belmont, CA: Wadsworth.

McWhirter, J. J., McWhirter, B. T., McWhirter, E. H., & McWhirter, R. J. (2007). *At-risk youth: A comprehensive response for counselors, teachers, psychologists, and human services professionals.* Belmont, CA: Wadsworth.

Seligman, L. (2004). *Diagnosis and treatment planning in counseling* (3rd ed.). New York: Springer.

Wilmshurst, L. (2003). *Child and adolescent psychopathology: A casebook.* Thousand Oaks, CA: Sage.

47

4

CHAPTER

發展助人技巧

　　雖然我們現在討論的焦點，轉到和回應孩子有關的助人「技 *49*
巧」上，但許多你努力獲得的成果，大都是靠談話前腦中所完成的
準備。諮商會談不同於其他的人類互動，因為當你進入這關係時，
你的心智狀況會不一樣。從某方面來看，諮商是一種冥想的形式，
參與的雙方都集中注意，專心在對方所說的，彷彿沒有任何其他事
或人存在他們互動的圓圈四周。

　　諮商師和治療師常被說成能夠讀心，事實上他們所做的，只是
單純地集中所有的注意力、他們生命所有存在的能量，專心在對方
所說、所做，和他們的字句或姿勢所傳達的意義上。這麼全心全意
的專注在對方身上，絕對可以猜測人們下一步要說什麼、在想什麼，
有時甚至連他們自己都還沒弄清楚前，諮商師就已經猜測到了。

　　在你開始諮商會談前，有些步驟極為重要，可以幫助你清理所
有紛雜的心思，並將自己的煩惱、轟隆隆的胃、今天稍後你必須完
成的業務，都放到一邊去。瑜珈、冥想、武術或任何一種沉思默想
之術（諮商確實也是其中之一），都會鼓勵參與者在開始他們的活
動之前，先做「淨化呼吸」（cleansing breath）。深呼吸有助於清理

自己混濁和分心的思維，且有助於把自己「集中」在即將展開的互動上。這呼吸象徵著你對那學生所做的承諾，也就是接下來的數分鐘，除了你對他或她的興趣和關心之外，其他一概不存在。如果你把這種態度實驗在生活中的其他關係上，那麼，你會注意到你互動的品質和親密關係有了明顯的改變。

剛開始接觸諮商的學生，常報告在他們和所愛的人的互動當中，會有神奇及困擾兩項改變產生。一方面他們注意到他們變得更深入，且對話變得更豐富。他們身邊的人們非常讚賞所收到的額外注意。然而另一方面，當注意和傾聽的努力不得體或有所圖謀時（開始時難免如此），朋友和家人可能抱怨你在「搞諮商那一套」。他們那樣說真正的意思是，他們並不習慣被這樣的專心和注意所傾聽。這其實挺悲哀的，也許你也會同意。

內在心智狀態

一旦你清理了你的心智，且將注意力聚焦，接下來必須做的就是調整你的內在態度。諮商師不批判、接納和不批評的態度，正是諮商師有所助益的原因。在助人會談外，你可能很容易想批評所聽到的內容，一旦你決定要發揮助人角色的功能時，你就要決定暫停評判別人之舉。畢竟，批判的評價會干擾對你所聽到的做同理回應。如果孩子感受到來自你的權威批判，即使只有一點點，所有的信任也就會不見了。

如果我們可以進入老師的心智，而他正掙扎於監控在和學生對話中跳出的批判想法時，那我們就可能聽到這樣的內在對話：

我真不敢相信她可以這麼蠢……

哎呀！深呼吸！她只是盡力做了她可以做的，她不知道其他更好的做法。

但是她怎麼可以這麼無知，對於……

我又來了！要找到我的同情心。呼吸。要記得她住在和我不同的世界。以前這樣做對她有用，所以她又再做了一次。

如果她是我的孩子，我一分鐘都不會容忍……

但我不是她的父母，我是她的老師。我無法做任何超出我能掌控的事。我所能做的就是支持她、設限和強化。就只是傾聽。真正地聽到她所說的。沒人曾仔細聽她說。他們只是批判她且告訴她怎麼做。而我也想這麼做。

就像要熟練任何冥想狀態，需花費好幾個月有條不紊地練習一樣，在傾聽和回應學生所需時，盡可能要讓自己的頭腦保持清楚、不批判、有同情心，這些都需要花許多的時間練習。初期和孩子接觸時，甚至在你開口說任何話，或運用第一步助人技巧之前，你就已經啟動內在的心智狀態，這是一種助人態度的狀態，可以幫你自己極大量地接收及回應你所聽到的。你會提醒你自己，對於將要發生的，要保持彈性、避免分心，且感受同情。

專注

表現專注是幫助孩子首要且最基本的任務，其實沒有想像中那麼難。在一些人際互動中，如果你簡單地檢測一下就會發現，人們完全專注在彼此身上是多麼罕見。當一個朋友殷勤地跟你說話，且企圖聽你說時，他可能還忙著許多其他同時進行的活動——看一下

51

你的肩、和路過的人揮手、摸摸紙、梳理頭髮。這種分心的行為幾乎無法激起你的信賴，也不會傳達出一種訊息——對那人來說，你是那時刻裡唯一重要的一切。

◦●練習專注和傾聽◦●

和一位夥伴（同學、朋友或家人）一起，要求那人跟你說些他或她生活中發生的事。在這練習中，你的工作不在說，而只是盡可能地仔細聽完整。你要透過非口語的暗示，顯示你跟著對話走，特別要用到點頭、眼神接觸、臉部表情和身體姿勢。你也可以使用語言鼓勵（「嗯哼」、「我了解」、「然後呢」），使談話繼續下去。

除了非口語的專注和傾聽技巧外，你也要掌控你自己內在的走向。真正仔細地聽到這人在說的——不僅聽到字面意義，還要注意潛在的訊息意義。透過這幾分鐘的練習，盡可能試著去感受同理和同情。記住！你的工作不是去修理東西，甚至也不是去說些什麼，而是要用你的興致和專注去「撐住」這個人。

專注於某人，意指給他或她你全部、完整且未被分割的關心。這意味著要用你的身體、你的臉、你的眼睛——特別是你的眼睛——去傳達：「此時此刻對我來說，除了你之外，其餘的一切都不存在。我所有的能量和生命都聚焦在你身上。」

52

你真的會驚訝地發現，給予對方完全的注意力，這麼簡單的行為可以帶來多大的療效。特別是孩子們常常習慣於被大人貶低價值，以至於專注的行為會馬上告訴他們，這樣的互動有些不同：「這裡有個人似乎在乎我和我說的話。」

你可以在和家人朋友的關係中，檢核這簡單專注技巧的力量。

下次你和你在乎的人談話時，投入地給他或她你未被分割的專注；抵抗所有的分心；完全地面對這個人；持續保持眼神的接觸；用你的臉和身體，傳達你對他或她所說的有著強烈的興趣。之後，詢問那人是否注意到你表現的方式，或者感覺有何不同。

傾聽

專注的技巧包含非口語行為的運用（點頭、微笑、眼睛接觸、身體姿勢），和簡短的口頭回應（「嗯哼」、「我曉得」），以傳達你對這人所說的內容有強烈的興趣。雖然這些技巧是贏得他人信任所必需的，但除非你真的傾聽，且能證明你聽懂了，否則它們只是相當空洞的姿態。

這顯現了一個有趣的挑戰：你如何向人們證明你了解他們？你要如何讓他們知道，你不僅聽到他們所說的，而且你真的知道他們的意思是什麼？

有兩種方式可以呈現這種同步專注：消極傾聽，這是我們在非口語和口語專注的內容中所描述過的；積極傾聽，是採取較直接的角色，回應你所聽到的。傾聽能被傳達，最終是要憑藉著你回應說話者的方式，以及證明你真的聽到所說內容的能力。

學生：「我真不懂這作業。好蠢，甚至搞不懂究竟我們為
　　　什麼要做這個。」

老師：「你現在真的很沮喪，而且還沒弄清楚。你來找我
　　　談這個，因為你真的想更清楚知道我心裡是怎麼想
　　　的。」

留意這老師怎樣沒有變得防衛，此刻也沒有解釋作業，而只是單純地說明她聽到了學生對她說的。

53

同理共鳴

同理是一種能力（和意願），是爬進某人的皮膚內，去抓取另一個人的經驗。就是在專注、傾聽和人際敏感度以這種方式聚在一起時，你才能夠脫離自己，足以感受到對方當下的感受和想法。

其次，同理的助人行為包含傳達你所聽／看／感受／覺察到的了解；同理的回應方式，會使學生覺得不那麼孤單。如果我們把到目前為止已呈現的所有技巧，包含專注、傾聽和同理共鳴，都放在一起，理想上你就會建構出一段談話，當中學生會覺得被鼓勵去探索事情。以下舉例說明這樣一段和學生的對話，這學生對她參加考試後的爛成績深覺沮喪：

學生：「這次考試妳給了我一個『丁』。」（含淚指控）

老師：（放下她正在評分的報告。轉過椅子，完全面對這學生。軟化她的表情且耐心地等著[專注]。）「對，沒錯。這次考試妳確實考了個丁。」[注意字句被改變了──將重點放在學生的責任上。]

學生：「嗯，我覺得那不對！這考試並不公平。」

老師：（點頭[專注]）「妳覺得這考試沒有涵蓋到妳準備的部分。」[注意，老師並沒有被激怒去就內容加以爭論；相反地，使用積極傾聽，將焦點仍然放在這學生的想法和感受上。]

學生：「嗯，就沒有啊！現在我爸媽會殺了我的。」

老師：「聽起來妳比較在乎爸媽的反應，而不是妳考得怎
樣。」[同理共鳴讓老師不去理會考試的部分，而將
焦點集中在對父母反應的恐懼上。]

學生：「他們對我的期望是那麼的高。」

老師：（點點頭[專注]。安慰地微笑著[消極傾聽]。「對，
我可以了解這對妳會有多辛苦。妳真的覺得承受著
好大的壓力。」[同理共鳴]

就像這助人會談所證明的一樣，這些先發的諮商技巧彼此相連，且都企圖建立起一種開放、信任及接納的氣氛，學生因而可以自在地揭露自己及探索她的感覺。老師停下正在做的事，將她的注意力和身體轉向學生。對老師來說，這是很不自然的方式，因為老師習慣給建議、快速解決問題和多樣任務。相反地，在你蒐集資料、幫學生感覺自在，和在你們的關係中建立信任的時候，這初始階段的目標，就是要你當個完美的傾聽者。 *54*

探索技巧

下一組技巧打算幫你：在已開始積極傾聽的基礎上，繼續建構。完全地專注在某人身上、聽到所提及的細微差異、解讀隱藏於對談中的意義、接受你了解到的意思。有了這些之後，下一步驟就是要更進一步地探索擔憂的本質。

▶ 探問 ◀

當然，蒐集資料或鼓勵學生探索某一特定區域時，最明顯且直接的方法，就是去問他們一連串的問題。在你閱讀上述例子的對話

時，可能會有一些想法浮上心頭：妳為什麼會覺得這考試不公平？妳花了多久的時間來準備這次考試？妳在其他課堂上的表現如何？如果妳父母知道了，他們會怎麼做？妳父母對妳的期待是什麼？

很自然地就會想到這些問句，但這些問句常使孩子處在「劣勢者」的地位，而你是個審問者和解決問題的專家。這種方式傳達這樣的訊息：「告訴我狀況如何，我就可以為你修復。」因此，除非你無法用其他方式讓這孩子吐露資訊，你才能使用問題。如果你信任其他較間接的探索方式，你可能會很驚訝地發現，你可以碰觸到的範圍其實很大。

如果你一定要問問題，請用開放式的問句，不要用封閉式的句型，或者使用那種不能用簡單幾個字來回答的，或以一個字即可回應的問句。比較下列例子的不同：

封閉式問句	開放式問句
你現在覺得沮喪嗎？	你現在覺得怎麼樣？
你要告訴你的父母嗎？	你打算要怎麼做？
你今天上課還好嗎？	今天課上得怎麼樣？

相當明顯地，開放式問句鼓勵更深入的探索，然而封閉式詢問則打算切斷溝通。你可以用回應的答案來結束問題，但代價是更長的沉默，因為孩子會等你繼續引導會談的方向。

盡可能避免問句，特別是封閉式問句，這項規則有一個明顯的例外，就是蒐集非常明確的資訊很重要時，像是有潛在威脅或危險的情況。例如，如果有個孩子表達了自殺的想法，那麼問明確的問題就會很恰當：你以前試過嗎？你有沒有計畫要怎麼做？你有工具去實行你的計畫嗎？你是否可以答應我，在我們可以給你一些幫助

之前，你不會做任何事？如果前三個問題，有一個回答「有」，而最後一個問題說「不」，則象徵著需要採取明確的預防行動，因為這已超越只是對孩子的情緒做反應的範圍。

「熱椅」活動

　　有個可以在課堂上或甚至和朋友一起做的有趣活動，就是大家輪流問開放式的問句，要設計能誘出最私人且最可能洩露資訊的問題。處在「熱椅」位置的人，同意盡可能誠實地回答被問到的任何問題。然後每個人輪流問那種真的可以催化別人去想的問題，而且這些問題本身就是想獲得從未聽過的答案。所謂好問題的黃金定律是：所問的問題答案能提供你足夠資訊，幫助你了解這個人的本質。隨後你用十五分鐘來介紹他或她。換句話說，別問表面化的、預言式的問題，要試著問那些真的會讓人洩露很多的問題。這裡有些例子可以幫你開始：

- 你生命中最引以為傲及最引以為恥的是什麼？
- 你無聊或焦慮的時候，會逃進怎樣的幻想情境中？
- 你最希望可以改變自己的哪一點？
- 你最害怕我可能問的問題是什麼？

　　當然，在你問這類問題之前，最好先準備好自己的答案。

▶▶ 反映內容 ◀◀

　　間接幫助某人更深層地探索內在擔憂的方法，就是使用傾聽和同理技巧，反映他或她所說的內容。這並非意味著你得像隻鸚鵡，相反地，透過重述，表示你真的聽到對方所說的是什麼。這些重述

56

能幫助人們更進一步澄清他們所說的，且有助於額外探索這問題。

> 學生：「米其一直打我。他總是跟著我，又一直弄我。」
> 老師：「不管你做什麼，米其都不放過你。」

在這簡單的反映內容中，老師接受所聽到的，且把焦點引導到那孩子自身的行為上（「不管你做什麼」）。這聽起來可能是很容易做的事，但卻是諮商師或治療師最常用的技巧之一，因為這方法既能鼓勵進一步的表達，同時也讓對方知道你聽到且了解所傳達的。

▶ 反映感覺 ◀

這技巧和前一項很像，但重點不同：此技巧強調情緒而非內容。反映感覺是確認和反映在你聽到這個人的陳述表達中所潛藏的情緒。這看來好像很容易做到，但卻是諮商師所接受的挑戰中，最複雜和最困難的任務之一。為了要很敏銳、正確和有助益地反映情緒，你必須要能夠做到下列幾項：

1. 非常仔細地聽到話中的細微差異。
2. 解讀對談中的深層意義。
3. 確切辨識這人正經歷的情緒。
4. 用對方可以接受的方式傳達這份了解。

把反映情緒的技巧化為行動，就會看起來或聽起來有點像這樣的對話：

> 學生：「我的朋友覺得我應該找你談。」
> 老師：「你感受到朋友給你的壓力，但有一部分的你，也

需要談談某些困擾你的事。」[注意第一部分反映內
容，而第二部分確認擔憂。]

學生：「嗯，我確實需要談談，我想是吧。」（沉默）

老師：「要你這麼做很困難。」（甚至連沉默都可以反
映。）

學生：（深呼吸）「老實說吧。我的女朋友想要發生性行
為，我猜我也想，但是……」

老師：「你應該會想要有性。你是個男生，但是你就是覺
得還沒準備好。」

學生：「任何傢伙都會想和凱倫上床，我也是。我的朋友
都認為我是瘋子，但我就是認為性應該，嗯，你曉
得的……」

老師：「對你來說這應該是比較複雜，而不只是個簡單的
行為。你覺得興奮、不安和一點失控。」

　　這段對話就像這樣繼續進行，老師靠反映情緒來幫助這名青少
年去探索較深層的感覺、去澄清他真正想要的是什麼，以及最後決
定他真正想做的事——做出他自己的決定，遠離來自他的女朋友、
朋友、家庭，甚至老師的壓力。就是得透過這樣的一個互動，孩子
才得以發現他們真正相信的是什麼，且將所深信的信念加以實踐。

◦─ 練習積極傾聽 ◦─

　　邀請一位同學、朋友或同事來幫助你演練積極傾聽的技巧，
包含內容和情緒兩者的反映。要你的夥伴對你說某件事，任何他
或她可以持續說上幾分鐘的事。

　　非常仔細地聽到內容之中所要傳達的潛藏情緒。

單刀直入地反映你所聽到的,但要用這樣的語句:「你覺得
_____。」

當然這會有些怪怪的。儘管如此,還是要繼續用「你覺得」
的說法來回應,以完成你那一部分的對話。

這技巧的美妙就在於:你有沒有反映出他的核心情緒並不是
那麼地重要。如果你說的不正確,對方就會很簡單地告訴你,他
真正的感覺其實是什麼,就像以下的例子:

你 :「所以,有關那件事,你對自己感到失望。」

夥伴:「嗯,我覺得生氣比失望多,因為我沒有得到公平的
　　　機會。」

▶ 自我表露 ◀

58

用這個技巧可以向學生示範真實、坦誠和人性化。學生有時會
把我們理想化了,所以讓他們聽到我們曾為類似問題(如果問題相
同的話)掙扎過,也許對他們會有所幫助,或者也可能有助於讓學
生和我們連結到親密的層級。

由於這種介入有可能被濫用(談論自己的事情太多、太頻繁、
時機不恰當或揭露的題材不恰當),所以自我表露應該有一些特
點:

1.**要簡潔**。當你在談論自己時,你的焦點已從你試著幫忙的對
象身上轉開了。

2.**不要自我沉溺**。要有確切、可辯護的理由去做分享,通常會
強調一個明確的重點。

3.**要非常謹慎地使用**。危險在於揭露自己太多,你就會違反專
業的界線。洩露有關自己的資料,可能會有危害,或者放太

多焦點在你自己的事件上。

自我表露最好用在當你希望：(1)證明那學生並不孤單；(2)覺察到這會是你們之間的鴻溝；(3)示範開放的時候。

> 老師：「我曉得你所經歷的。我的父母也離婚了，而我掙扎過好一陣子，才又能用自己的力量站起來。」

另一種不同的自我表露，稱為立即性，包含分享你在這互動中的感覺，或者及時分享在某一特別時刻你對這孩子的感覺：

> 老師：「你決定信任我，我真的覺得很榮幸。在你跟我談過後，我覺得和你比較親近。而且我很佩服你的勇氣。」

雖然現在我們在說有關於將自我表露用在私人、助人會談的情境中，但不用懷疑，當你想和學生在個人層面上有所連結，或是提供你自己生活的例子來解說重點時，你也可以將這有力的技巧用在你的課堂上。

▶ 摘要 ◀

在任何談話結束時至少要使用一次摘要，但任何時候需要綜合摘要、連結討論的主題，以及把事情形成觀點時，都可插入使用。理想上，老師可以先邀請學生做摘要後，再自己做，「所以，你會帶走的收穫是什麼？」然後老師可以填補縫隙。

59

老師：「我同意我們已經幫你澄清了有關性方面的信念，
　　　　以及一些你和凱倫關係的看法；然而，我們也看到
　　　　你渴望為自己多想想，而不單只是遵循別人的帶
　　　　領。你說過，你希望告訴你的朋友要尊重你的意
　　　　願，不要再強迫你了；而且你想和凱倫坐下來談
　　　　談，告訴她你的感受。」

　　好的摘要會合理地提供一個轉移，從助人的探索階段，轉到執行所需改變的行動策略上。在許多案例中，你不會是繼續這段談話的人，因為可能已經轉介給專家了。然而，如果你這樣處理的話，學生就可以從諮商當中獲得最大利益。

行動技巧

　　教師的角色，會限制你可以運用的行動策略。這一定令你很挫折，因為你會想做的一件事——所有新手都會試著去做的事，就是直接跳入且搞定問題，或至少搞定你所認為的問題。其中最能令人謙卑的事之一，就是在諮商一段長時間後，才會了解到人們遠比你所能想像的還要複雜。而他們最初的問題，可能和他們的核心事件有點雷同，那是在心底持續與生命的爭戰。換句話說，當學生帶著一些困難接近你時，要謹記在心的是，那些可能只是他們用來和你接觸的藉口。要得知他們首次來訪的真正理由，可能需要花一些時間。

　　更複雜點說，有時學生呈現給你的，正是真正最困擾他們的事。他們非常可能有某件特別的問題需要幫忙澄清，而為了使事情有個滿意的解決，這可能要排個單獨、簡要的晤談。

探索技巧檢核表

開始前	清理心思 排除分心 保持中立 集中注意 深呼吸
姿態	完全地面向對方 前傾且專注 保持輕鬆的目光接觸 展現富有表情的姿勢
觀察	仔細觀察 專心傾聽 使用你的直覺和感覺
消極傾聽	使自己活潑有生氣 保持平靜 適當地微笑 點頭 用「嗯哼」
當下要	表露同理 傳達關心 感受憐惜 表現尊重 顯現無條件的關切 真誠
回應	問開放式問題 反映內容 反映情緒 適當地使用自我表露 需要時就做摘要

在你幫孩子澄清困擾為何時，通常你的助人角色是傾聽、理解和傳達同理，然後，你就會把孩子轉介給適當的專業協助。

如同我們所提過的，有時你會有機會幫助孩子，把所討論的變成一些積極的行動。因此，以下向你解說的技巧，附帶一個謹慎的提醒：在你嘗試任何強制的介入手段之前，你要接受更多的訓練和督導；特別是在給予建議時——唯一最被濫用的助人策略。

61

▶ 給建議 ◀

別做。就這樣。要抗拒你喜歡告訴別人該怎麼過他們生活的天性。你確定你知道什麼對其他人最好嗎？你真的知道對你來說什麼是最好的嗎？你確定你要承擔告訴別人怎麼做之後的責任嗎？

給建議最常會讓老師覺得好過一點，而不是因為真的對學生有幫助。當有人深陷沮喪來找你時，你也覺得無力和無望。你想要做點什麼，使痛苦走開。你想帶來立即的解脫。你所能想到的，就是告訴學生一些你希望可能有用的事情。

當你給建議時，會有兩種可能的結果，而兩種都還滿糟的。你給建議的第一種結果是個災難，因為這下子你會被永遠地責罵。都是你的錯，你毀了學生的生命。

唯一比起給壞建議更糟的，就是給了「好建議」。對，你沒看錯。想想為什麼提供了聽來像輔導的東西，但事實上卻一點都不是件好事呢？

當你告訴某人要怎麼處理他或她的生命，而且還相當成功時，你正教導這人未來還要回來找你（或像你的某人）。你同時也強化了一個概念，就是這人太蠢了，無法自己理出個頭緒來。

當然，幫學生讓他們理解出該為自己做的事情，會需要花費更多時間及力氣。然而最終，如果人們自己能想出辦法，他們就會承

擔起責任。

> 學生：「所以，這件事妳想我應該怎麼做？」
>
> 老師：「你認為你該怎麼做呢？」
>
> 學生：「我不確定。我本來希望妳可以告訴我。」
>
> 老師：「嗯，我們來看看你是否可以想到什麼，而且我會
> 希望你可以把它變成行動。你說你交朋友有困難。
> 我在想你可以做點什麼？」
>
> 學生：「妳是說像在放學後去那些愚蠢的聚會嗎？妳曉得
> 我很痛恨那個的。我已經告訴過妳……」
>
> 老師：「對啊，那會是個可能，但我想還有什麼其他的事
> 是你可能可以試試的？」

　　這位老師對於真正要學生做的已經胸有成竹，那就是多參與課後活動，當作和其他孩子碰面以及多交到朋友的一種方法，但她想要孩子自己想到。如果她只是告訴他去演齣戲，或玩個校內的運動，或參加棋社，或管他是什麼，這些他都極不可能真的會去做。這個給建議禁令的例外，只發生在孩子被慫恿去做一些對他們自己或他人有潛在危險的事時。例如，想像一個學生跟你說，她就要跟一票男生出去，而那些男生以占其他女孩便宜聞名；或者有個學生跟你說，他將要挺身面對他酗酒的父親；或有其他人認為她需要瘦更多，但她事實上已經很瘦了。在這樣的情況下，你不僅可以、也必須去做一些事情。然而請記得，你提供建議的方式，會決定孩子可能注意和遵循你智慧之語的程度。

62

老師:「我想,在你採取這麼激烈的步驟之前,你應該先跟一些人談談。告訴你的朋友(你信任的那些朋友)你心裡所想的。聽聽他們有什麼想法,然後我們再來談。」

▶ 目標設定 ◀

這是全然的行動技巧,這技巧滿足你和學生的需求,可以將一些令人困惑的、曖昧不清的事件,轉譯成具體的結果。然而,和令人恐怖的家庭作業不同的是,這類目標絕對不是由你規定——許多孩子對於老師告訴他們要做什麼,也許早已覺得憤怒。相反地,你得花久一點的時間,且走較費力的路途,來幫助孩子確認他們的目標,並鼓勵他們照著自己訂定的目標走,如此他們才比較可能完成。即使他們沒做他們說要做的事,你也可以不在意地聳肩說:「哦,嗯,我猜畢竟你是不想做的。」然後當那學生回答:「但是我想啊!我真的想做的。我只是沒有時間。」這時你可以微笑地回答:「好。當你想做的時候你就會做了。」

在幫助人們為他們自己設定目標時,要謹記在心:

1. **確定他們設定的目標真的和他們正掙扎著的核心議題有關。** 減輕十磅也許是件非常該做的事,但如果體重不是獲得高自我價值的主要障礙,那麼努力減重可能就是浪費力氣了。

2. **建構實際且可達成的目標。** 學生熱切地想改變,可能變得過度熱心,天真地相信他或她可整夜做好每件事。幫助學生採取簡單且可處理的步驟,並確定他們會經歷努力後的成功。例如,有個孩子沒什麼朋友,可以用和他人持續談話兩分鐘作為開始,然後再進一步嘗試較困難的任務。

3. 盡可能使目標越具體越好。包括這人要做什麼、他或她會在哪裡做、什麼時候做,以及多常發生、要持續做多久、和誰一起做、誰會在場、萬一他或她動搖時會連帶發生什麼事等。這些因素會幫助學生將含糊不清的憂慮轉譯成行動目標。例如:

之前:「我常打架。我想停止,但是其他小孩有時會逼我太甚。是我造成的。我也知道我不能總是用打架解決事情,要不然我會沒有朋友;也會沒有牙齒。所以,我猜我必須做的就是,停止這麼常打架。」

之後:「從現在到明天的這個時候,我不會和學校裡的任何人有任何的肢體衝突(我無法保證在家和兄弟們會發生的事)。萬一隔天在學校裡我要開始發脾氣,我會把我們說過的,重複對我自己說。如果那不太有效,我向你保證,喔!不是,我是說我向自己承諾,我會走開。如果我絕對必須捍衛我自己,我會只動嘴,而不動拳頭。」

就像所看到的一樣,接下來的二十四小時,這個年輕人的目標是要達成稍早所設的標準。有時,你只需讓他或她把事情說出來,且述說要怎麼做,然後幫忙制定計畫,得到他或她所要的,你就可以讓一個人的生活產生極大的不同。

你可以思考一些你想要改變的行為,用這策略在你自己的生活中做實驗。做得越仔細越好。寫下一份契約——你要做什麼、你何時會做、在哪裡或和誰一起時會發生你所要的。記得要實際,也就是說,是可以在期限內完成,而且是你做得到的事。

》 問題解決 《

　　這是一種較精細的目標設定版本，包含一連串有順序的步驟，將問題解決的理論運用到學生的困擾上。例如，假設有個學生想上大學，但是沒有經濟來源，也沒有學業追蹤紀錄可以使她獲得獎學金。這學生覺得沮喪和失望，準備放棄夢想，去做枯燥、一成不變的工作。即使不幫那學生解決問題，或告訴那學生你認為她該怎麼做，你還是可以介紹一套有系統的方式——在生活裡許多其他相似情境中也都可以使用的方式，去迎擊挑戰。

64

　　老師開始時可以說：「好，讓我們為妳可以怎樣找到一些可能的資金來源，一起想出個計畫。我們何不在紙上寫下明確的計畫，然後縮小範圍到那些最有機會成功的可能來源上？」

　　任何問題解決的策略都有下列的成分：

1. 定義問題。
2. 確認目標。
3. 發展建設性的替代選擇。
4. 縮小選擇範圍在最實際的選項上。
5. 讓計畫付諸行動。

　　經由老師的幫忙，令人驚訝地，那位學生列出了一長串其他選擇的可能性，從進夏季學校開始、請家教、找份薪水較好的工作、進社區大學、畢業後工作一陣子存錢進大學、聯繫贊助清寒學生的政府機關，或加入軍隊以賺取學費等。將選擇限制到似乎最吸引人的幾個選項後，這學生就能將她的精力鎖定在明確目標及其能力所及的計畫上了。

≫ 重新建構 ≪

　　想像一幅很棒的畫被放在一個醜陋的畫框中，以至於減損了藝術的光彩及畫的吸引力。如將同樣的這幅畫放在不同的畫框中，瞧！真是一幅美好的作品！在助人課題中，重新建構就和這種說法類似。

　　重新建構（reframing）是一份最具創意、挑戰性和有趣的用心，是個需要花些時間去學的技巧，是一種用完全不同於人們所呈現的角度去思考事情的方式。你的任務是要將人們所描述的問題──通常是你幫不上什麼忙的事，以重新建構的方式，讓他們比較願意接受解答。最基本的型態是，你接受學生所說的──「我很笨」（一個尷尬的處境。如果這是真的，那你能幫上的忙就很少了），那麼，變換這樣的說法，使它看起來比較容易解決：「在數理科目方面，你沒有你想要的才能，但在畫漫畫和修理損壞的東西方面，你卻相當有才華。對我來說，這一點也不像是很笨的人。」

　　以下是一些其他重新建構的例子：

陳述	重新建構
「我很害羞。」	「你在新環境中，好朋友又不在身邊時，你表現得很害羞。」
「我討厭學校。」	「你很不喜歡結構化的學習，但是當你能自由做你想做的事時，其實你真的會喜歡學校。」
「我的孩子說，他所有的老師都說他調皮搗蛋。我的孩子沒有調皮搗蛋。」	「你孩子有超強的幽默感，他只是選錯了表演的對象。」
「你的演講好悶。」	「你發現很難專心在內容說明上。」

在以上每個案例中，老師都尋求用較正向的眼光，去重新建構問題的定義。有時這會有用，有時則無效。就像所有從事助人的努力一樣，我們也要嘗試不同的理論，直到我們找到正確的組合為止。在這介入背後的主要概念是，你改變了最初由學生定義問題的方式，使其要獲得一些成功變得比較可行。想必你會同意：告訴自己「在諮商這件事上我很糟，而且我永遠學不會」相較於相反的說法：「就像任何新技能一樣，我要花些時間和練習，使用時才能感覺得心應手。」對於問題是令人相當沮喪的說法。

▶ 認知重建 ◀

重新建構是一種認知的介入，可以幫助人們轉換他們看待所擔心事情的角度（如之前的案例）。其他的認知重建技巧幫助孩子們以不同的角度來思考他們的苦境，這些技巧中最知名的是「認知療法」（cognitive therapy）。

這些技巧背後的理論很簡單：我們的感覺根基於我們怎麼去思考所發生的事。如果我們改變解讀困境的方式，就可以因此改變對它的感覺。那麼，我們的工作就是教孩子了解，他們可以選擇怎麼去應對生活中的事件。很少有事件的本質是不好或令人厭惡、沮喪的，是我們對這些經驗的知覺決定了我們的反應。認知學派的治療師說：「如果你不喜歡你所感覺到的，那麼就改變你對它的想法！」

你會對這個助人的取向感到興奮是因為：首先，它易學且不需太多練習，你會發現，自己變得越來越有技巧去幫助人們了解：他們思考問題的方法，極大程度地決定了他們之後會如何感受及作為。其次，這是個問題解決的取向，你可以馬上用在自己的生活上。事實上，你越常在自己的內在思考模式上著手，你就越能熟練地去幫

66

助其他人處理他們的模式。同樣地，你越常練習幫助孩子面對他們非理性的信念和不合理的想法，你就越能注意到自身影響所及的重大改變。第三，也是最令人興奮的，使用這些認知策略，就可以在一段非常短的期間內，使學生的生活變得不同。

認知的助人歷程遵循著相當合理的順序，首先你幫助一個學生清楚地說出覺得困擾的感覺。之前提過的助人技巧（積極傾聽、反映情緒、開放式問句）通常都會有用。

老師：「妳現在真正的感覺是什麼？」

學生：「我不知道。就是有點沮喪。」

老師：「妳對某些事覺得情緒低落。」

學生：「對，我是覺得低落沒錯。但我也真的很生氣。」

老師：「我可以看得出來。妳確實顯得生氣，但也覺得受傷。」

到目前為止，老師已幫學生確認她所經歷到的四種不同情緒：沮喪、低落、生氣和受傷。再多些時間，也許會列得更長，因為當我們對某件事覺得沮喪時，我們通常會有許多不同於以往的感受。

在這階段你可以採取的另一個步驟，就是要這學生以 1 到 10 來評量每種被確認的感覺之強度。例如，如果她覺得極端生氣，她可能以 8 或 9 來評量；但是，如果她覺得只是普通低落，那她可能會以 5 來評量。由於想要消除所有干擾狀況的情緒反應是很不實際的想法，所以上述的作法會讓你製造個基準線，來衡量你助人之後的效果。

其次，這學生可能受鼓勵去描述他認為是問題起因的特定情況。在此關鍵時刻，由這學生描述到底真正發生了什麼事。

老師：「告訴我發生了什麼事？」

學生：「喔，你知道的，我嘗試演出的那部蠢戲。」

老師：「妳演得不如妳所希望的好，是嗎？」

學生：「你可以這麼說。我甚至沒被再叫回去試另一
　　　幕。」

　　所以，這個學生覺得「永遠毀了她的生命」的事件，是無法在
一齣戲中得到一個角色。

67　　由於助人歷程的重點是，其他人或事件不會讓你有任何感覺，
而是你根據你所想的，讓你自己對事情有感覺。下一步就是幫助學
生確認製造這困擾的內在想法或不合理的信念。這部分是要有點技
巧的，因為你需要熟悉普遍非理性想法的主題。基本上，非理性信
念可分為三大類：

1. **誇大事實**。人們藉著扭曲所發生事件的重大意義，使事情看
   來比實際情況要糟：「因為我沒能在這齣戲中演出，所以我
   就永遠都做不成我生命中想做的了。」或者「他們知道以
   後，每個人都會嘲笑我。」相當清楚地，這些都是全然誇大
   的想法；在第一個案例中，學生是過度類化，而在第二個例
   子，幾乎沒有證據顯示會是真的。

2. **要求世界要不一樣**。這類非理性信念起因於期待世界或人類
   會和他們原本的樣子不一樣。我們把自己設定為特殊人種，
   值得特別關注。要證明這種非理性想法的存在，通常會以這
   樣的宣言作為開頭：「這不公平……我得不到我想要的……
   他那樣對我……規則被改了。」這種想法之所以為非理性，
   因為很顯然這世界就是不公平，我們沒有被特別關注的資格
   （即使我們可能很想）。而且我們對人有某些期待，並不意

味著他們就有義務要為這些期待而活。

3. 用絕對的詞句批判自己。這和前述的非理性想法不同，這是指學生採用不實際或超完美的標準對自己，而其標準之高，可能是他或她永遠無法遵從的。例如：

> 「因為在這情形下，我沒有表現得如我所想的那麼好，所以，我永遠都專精不了這件事或任何事。」
>
> 「因為我這次考試考了六十幾分，所以我是很笨的。」
>
> 「因為她不要和我出去，所以，我永遠也遇不到任何我喜歡而她也會喜歡我的人了。」

像「必須」、「應該」和「永遠不」的用字，就是我們對自己提出要求的暗示，這是自我強迫，而且也許是不實際的。

即使有這些非理性主題的簡要描述，你還是得知道如何幫助孩子逐步轉移至挑戰那些非理性信念的階段——那往往是最後、也是最重要的階段，來面對他們的真實狀況。要將這些介入技巧成功地用在別人身上之前，你需要能夠先對自己運用。換句話說，你無法說服人們放棄他們失能的想法，除非你可以駁斥你自己的。

在前述的例子中，對話可能會這樣繼續發展：

68

老師：「所以妳現在是說，因為妳沒在這齣劇中演出，所以妳就是一個沒有價值的人？」

學生：「對啊。」（點點頭表示同意）

老師：「而妳覺得那樣合理？因為這一次妳沒被選上這個角色，因此妳就是個完全、絕對糟糕的演員，更別

　　　　　　提是個毫無價值的人了？」

學生：「但我是那麼渴望想要在那齣戲裡演出。」

老師：「這我了解。但有點不合理的部分是，妳說因為妳
　　　　非常想要某樣東西，而這一次得不到，就意味著妳
　　　　之前所做的每件事都不算數，而且未來要做的每件
　　　　事也都毀了。」

學生：「好吧，所以，也許我誇大了些。但你必須同意，
　　　　整個試演就是個胡扯。」

老師：「讓我們假設妳是對的：那不公平。又怎樣呢？」

學生：「嘎？」

老師：「有哪次試演是公平而無私的？」

學生：「但是他們應該要公平啊！我是說……」

老師：「那不是重點。我同意妳，在這之後，我們談談妳
　　　　可以做什麼來改變這個系統。但是現在，妳為什麼
　　　　對選擇過程的不公平會這麼驚訝？這不是妳第一次
　　　　遭遇到選擇過程中的偏袒。」

學生：（點點頭表示同意）

老師：「瞧，妳無法改變所發生的，但是妳可以改變妳看
　　　　待它的方式。唯一比沒有得到角色更糟的就是：沒
　　　　得到角色，還讓自己從此以後都悲慘度日。」

　　這種互動給你一個很好的機會，可以教孩子覺得更能掌控他們
內在的狀態。孩子往往覺得對自己的生命少有掌控力，而這種思考
方式可以讓他們自己決定想要怎麼去感受事情，特別容易讓他們感
到興奮。

　　那位沒能在戲中參與演出的學生，和老師會談結束後，雖然仍

對那情況有些沮喪，但幾乎已不像之前那麼強烈。

認知處遇模式圖表強調學生被挑戰要做到下列幾點的策略：　69

1. 對於他們的想法和感覺，負起較多的責任。

2. 對於他們頭腦內發生了什麼事，有更多的覺察。

3. 透過因果關係的理解方式，變得比較會分析事情而且合乎邏輯。

4. 可以決定他們對於周遭的人事物要如何反應。

5. 藉著轉變他們思考的方式，改變他們感覺的方式。

老師以強化下列的這些想法，來結束和那位學生的談話：

難怪妳會沮喪。這不僅是沒能在戲中演出，也是妳對那情況回應的方式。妳覺得失望是可以理解的，但不至於低落到妳幾乎無法生活——那就是妳帶給妳自己的。未來任何時候，當妳不喜歡妳的感覺時，妳都可以照著相同的程序，去理解妳是怎麼對自己述說這事件的，然後去改變妳的內在想法。

這些面質的主題，為的是幫助學生了解他們認知的扭曲程度，而且能用較實際且適當的反應來取代。老師當然也可以運用其他的形式來面質。

我們用下一頁的圖表來複習剛剛提過的整個流程：

70

認知處遇模式圖表

A 刺激事件	B 非理性信念
「在這戲裡我沒能得到角色。」	• 「這不公平。」 • 「我永遠得不到我想要的。」 • 「每個人都會笑我。」 • 「這真是可能發生的事情中最糟的了。」

C 情緒結果 評分　1-10		D 非理性信念的抗辯
• 沮喪	9	• 「真的,生命並不公平。那又怎樣?」
• 憂鬱	5	• 「就因為我沒在這齣劇中演出,並不代表我不是個好人,或甚至不是個好演員。」
• 受傷	8	• 「有些人可能會笑,但我在乎的那些人並不會。」
• 生氣	9	• 「這並不慘,只是小小的逆境。」
• 害羞	7	

E 新的情緒反應 新的評分　1-10		
• 沮喪	5	• 「唉,我無法完全釋懷。」
• 憂鬱	2	• 「我不再覺得那麼糟了。」
• 受傷	2	• 「我了解這跟個人無關。」
• 生氣	6	• 「我還是挺生氣的。」
• 害羞	1	• 「除了我,沒人真的在乎。」

69

　　雖然那個學生無法在和老師的一次談話後,就消除所有負向的情緒,但是她能在短時間內有顯著的進步。最棒的是,她可以在任何她想要的時候,就把這方法用在其他任何問題上,例如當失望來臨時。

≫ 面質非理性信念 ≪

學習這種認知策略的最佳方法，就是把它用在自己身上。挑一個生活中令你覺得有點沮喪的狀況做開始（最好從一些小事開始）。

這是挑戰非理性內在想法的最後一步，需要最多的練習和堅持。也值得查閱一些參考書，它們會提供更多關於這項助人系統的細節。要能有效地將它和其他技巧一起使用的重點是，首先要能用在自己身上。下一次你逮到自己因某些事無法如你預期或希望進行而覺得沮喪時，試著檢驗你在此情況下對自己說了什麼可能使事情糟很多的事。一旦你逮到自己的誇大、扭曲、鑽牛角尖或者是其他非理性想法時，試著改用較合適、合理、寬容的反應來取代。

70

≫ 策略性處遇 ≪

在諮商領域中最實際的發展之一，就是使用相當簡短、聚焦的介入方式，那是設計來打破長期存在的失能模式。雖然大部分這些策略的使用，超越了教師的範疇和訓練（它們很有效，而且要在督導之下練習），但是你可能會發現，學一些目前可行的行動策略會是很有趣的。在一些案例中，你也許可以詢問學校諮商師或心理學家要怎麼運用這些方法。

● 矛盾的指示

72

這是種好玩的說法，用來描述「顛倒心理學」或要求某人去做與所渴望的事相反之事。有個過度擔憂得晚上無法入睡的學生，可能會被要求盡可能地故意不睡，沒睡著時的每個小時要略記在日記裡。這用意是停止擔憂所擔心的，也就是保持醒著不再是個問題，反而是現在被指定的任務。

1. 描述事件。_____

_____

_____

2. 列出你感受到的情緒反應。在每一項旁邊，以 1 到 10 評量那感覺的
強度（寫在「第一次評量」的下面）。

情緒　　　　　　　　　　　　　　第一次評量　　　第二次評量

_____　　　_____　　　_____

_____　　　_____　　　_____

_____　　　_____　　　_____

3. 寫出你腦中製造出這些痛苦情緒的非理性信念。尋找和下列相關的主
題：

　　a. 使用「應該」或「必須」來要求整個世界或其他人應該像某種樣
　　　子。

　　b. 誇大事實，使你「慘化」情況。

　　c. 哀鳴抱怨事情的不公平。

　　d. 完全以孤離的行為作為基礎來判斷自己。

　　e. 即使這只是點失望或困擾，你還是告訴自己無法忍受所發生的事。

確認的非理性信念：

_____

_____

_____

1. 問自己下列問題來反駁那些信念裡的每一項：

　　◆ 證據在哪裡？

　　◆ 哪裡有記載它一定是這樣？

　　◆ 我如何誇大所發生的事？

　　◆ 這真的很糟，或者只是個煩擾？

2. 完成這些步驟後，再回去評量你原始的情緒反應，注意你已能做到的
改變。

◎ **對症下藥**

例如，有個學生持續干擾課程，又反抗任何壓制他行為的作為，他可能被要求仔細考慮如何可以干擾課程，並把這當成一項練習。有時，當你被要求去做時，即使是反抗行為，也會少了樂趣。

◎ **奇蹟式問話**

當一個學生覺得被困住且絕望時，你可以要她想像未來當問題解決時的某個時刻。然後可以問她，這奇蹟是怎麼發生的。這是個間接的方式，使某人對自己的問題提供解答。

◎ **找出例外**

當學生用絕對的詞句描述自己時，像「我對數字有困難」，或「我不擅長在其他人面前說話」，或「我就是這個樣子」，你要詢問這規則的例外。你可以說：「想想你曾經在這部分做得很好的時候。」由於你常會得到個聳肩作為回答，所以為了找到例外，就必須挖得更深。這策略的主要目標，是幫助學生了解他誇大問題和過度類化其效果的程度：很少有人在所有情境下都顯現出問題行為。這意圖是要對焦在例外上。

◎ **外化**

相對於幫助學生能為自己的行為負責，就是幫他們否認自責。這包含在談論問題時，彷彿問題是學生的身外事物：「所以，當你感覺到要開始打架的這股衝動時，它會什麼時候找上你？」這種語言的轉換，有時會讓學生覺得較容易談論一個事件，而不會覺得被攻擊或需要防衛。同時也能讓學生和老師聯合一起工作，以擊敗「敵人」。

◎ **權力階級**

個人行為很少發生在隔離的狀態，它通常是對他人行為的一種反應。這循環的因果關係意味著，為了改變一個學生的行為，你可

能必須看到這行為是如何被你課堂裡的其他人、你自己的行為或其家庭所強化、鼓勵或刺激。因此，介入的形式可以用改變權力分配的方式進行。例如，你可以規劃一次家長會談，藉由學生負責會議而讓她掌權。

以上所列只是個簡要治療策略的例子，有時可以在行為上激起相當戲劇化的改變。如果去尋找這領域中擔任訓練角色的諮商師或治療師，向他諮詢你自己無法解決的困難情境，你可能會發現那是很有用的。

➤ 面質 ◀

使用面質的時機是：當人們需要知道他們已經超越界限的時候；或者當人們需要了解他們在做的和他們說自己想做的之間有所矛盾時；或要比較他們現在所說的和他們之前所說的之時。面質的訣竅是要用他或她不會抗拒的方式進行。

因此，最好的面質就是中立地、實際地，甚至試驗性質地提出，彷彿在說你注意到一些有趣的事，而對方也許會發現（對他或她）有所幫助：「嘿，我有點弄糊塗了，你是說，你想要在學校裡有好成績，但稍早前你提到你是從來不讀書的。」

把你所觀察到的放在學生面前，讓他們決定想要怎麼處理它。顯然地，這是最強制的介入，也因此是最需要謹慎和小心使用的一項。就像你可以輕易幫忙達成一項重大的突破一樣，如果用了一個不合時宜或令人沒有感覺的面質，你也可以很輕易地疏離或重傷某人。所以，企圖使用面質之前，關鍵在於：問你自己，你提供這樣的介入，是否是出自對另一個人的關心，還是代表著一種懲罰，或源自於貶抑的企圖。

在下例中，老師試著面質學生，但用了引燃防禦火花的方式：

老師：「我一點都不認為你很笨。相反地，你只是好像沒
　　　有在事情上投入很多努力。」

學生：「等一下。你是說我很懶嗎？因為如果你是這個意
　　　思，那我會很生氣！」

在這案例中，學生覺得要防衛且受攻擊，即使老師只是試著想 74
幫忙。所以，這段對話很容易會走偏到一條死胡同裡。然而，如果
用不同的字眼面質，結果也可以很不一樣。

老師：「我聽你說了好多遍你好笨之類的話。我不確定你
　　　那樣說的意思是什麼，相信你可以想到一些你曾經
　　　很聰明的例子。」

學生：「嗯、嗯，對啊。我挺會猜故事的結局。我的朋友
　　　很氣我，因為我總是猜到電影的結局。」

在第二個例子裡，老師很小心地面質學生，邀請他看到宣稱自
己很笨的例外。這位老師沒有使學生覺得丟臉，只是中立地指出所
觀察到的矛盾。因此，最好的面質就是，人們不知道他們已經被面
質了。

▶▶ 鼓勵 ◀◀

我們把最棒的留在最後。學生經驗到的某些憂慮也許並沒有容
易解決的辦法，除了提供支持，其實你不太能做什麼。鼓勵之所以
列在這裡當做行動技巧，因為這是在你的角色上一項審慎且有意識

的作為，把「希望」植育在那些欠缺遠景的孩子心中。

想像有個孩子發現她有白血病，或者另一個孩子的父親死於狩獵意外，再或者另一個的父母分居了，或有人剛發現她要搬家了，你會提議怎麼處理這些情況？當然，答案就是：你所做的行動要真的是一種鼓勵。

對於這些孩子是否真的能復原為正向的心靈狀態，你必須很有影響力地傳達出你深具信心的信任。此外，你打算在這裡繼續陪他或她走下去及面對。因著你相信那孩子的力量及能力，所以他們就能重新獲得一種平衡的感覺。有時，所有你必須給予的就是：你的支持。

活動建議

1. 找個夥伴一起練習本章所提到的技巧。不妨從基本的專注技巧開始：

    a. 持續和你的夥伴談話，但你們都不保持眼神的接觸；幾分鐘過後，專心做良好的眼神接觸。注意有什麼不同。

    b. 繼續你們的對談，但雙方臉上要面無表情；幾分鐘後，你們兩人在臉上顯現鼓舞、溫暖和其他表情。注意看看會有什麼不同。

    c. 當你們繼續你們的談話時，除了這些專注的技巧之外，在你的部分加上更一致的嘗試，用點頭、「嗯哼」和其他反應表示你在聽，且了解對方所說的。注意看看會有什麼不同。

2. 選個夥伴一起做。有一個人先當「個案」，另一人當「助人者」。個案要扮演一個孩子的角色，他覺得在休息時間的活

75

動項目中被人拒絕，所以想跟老師待在諮商室內不出去。助人者只能用積極傾聽的技巧做回應，主要是重述和情緒反映。

3. 和一個夥伴練習問開放性的問題，這可以鼓勵對話而不會將它切斷。你們每個人都要寫下三個問題，三個你相信會從你的夥伴那兒引出最多資訊，而又能鼓勵他或她檢查重要事件的問題。輪流問你們的問題，且留意這些問題的影響。

4. 專注在這章裡所呈現的一些技巧，使這些技巧成為你習慣使用的普遍方式。每天找個機會練習你的新技巧。向你的同儕報告那些你覺察到使你人際關係風格有所不同的方法。

5. 邀請一位專家來協助你，請他觀察你使用本章的技巧（或錄下一段師生對話的內容，請他回饋）。要求明確的回應會使你能夠改善你的表現。

閱讀建議

Egan, G. (2006). *The skilled helper: A problem management and opportunity development approach to helping* (8th ed.). Belmont, CA: Wadsworth.

Evans, D. R., Hearn, M. T., Uhlemann, M. R., & Ivey, A. E. (2004). *Essential interviewing: A programmed approach to effective communication* (6th ed.). Belmont, CA: Wadsworth.

Hazler, R. J. (1998). *Helping in the hallways: Advanced strategies for enhancing school relationships.* Thousand Oaks, CA: Corwin Press.

Kottler, J. A., & Carlson, J. (2002). *Bad therapy: Master therapists share their worst failures.* New York: Brunner/Routledge.

Kottler, J. A., & Carlson, J. (2003). *The mummy at the dining room table: Eminent therapists reveal their most unusual cases and what they teach us about human behavior.* San Francisco: Jossey-Bass.

Kottler, J. A., & Carlson, J. (2006). *The client who changed me: Stories of therapist personal transformation.* New York: Brunner/Routledge.

Murphy, J. J. (2005). *Solution-focused counseling in middle and high schools.* Upper Saddle River, NJ: Prentice Hall.

76

Sklare, G. (2004). *Brief counseling that works: A solution-focused approach for school counselors and administrators* (2nd ed). Thousand Oaks, CA: Corwin Press.

Ungar, M. (2006). *Strengths-based counseling with at-risk youth.* Thousand Oaks, CA: Corwin Press.

Wilson, R., & Branch. R. (2006). *Cognitive behavioral therapy for dummies.* New York: John Wiley.

Wright, J. H., Basco, M. R., & Thase M. E. (2005). *Learning cognitive behavioral therapy: An illustrated guide.* Arlington VA: American Psychiatric Press.

運用在教室情境
的諮商技巧

前面已經討論過，如何將諮商技巧運用在與情緒困擾兒童的個
別會談上。所提到的每一種技巧，也可以運用在團體或教室情境當
中。我們會以範例來加以說明。在以下範例中，請注意老師回應學
生打斷上課的方式。

> 學生：「我不知道我們現在進行的活動有什麼意義？我可
> 　　　不可以上廁所？我吃壞肚子了。」（其他同學哄堂
> 　　　大笑）
> 老師：「你覺得現在的活動很無聊，希望我們做些有趣的
> 　　　事。」

在上述的案例中，這位老師既不是斥責學生，也不是回答學生
問題的表層意義，或是忽視學生打斷上課的行為，而是表達聽到學
生的弦外之音。剛開始，老師認為學生的打斷舉動是針對自己的挑
釁，覺得很生氣。很快地，他重新建構學生的言論，將學生的行為
視為是對自己有助益的回饋。

除了反映學生談話的內容與感覺之外，還有許多可以用在教室的諮商技巧。例如以開放式問題來引導更深入的討論，而不是詢問封閉式的問題。也可以摘要學生討論的重點，連結彼此的共同處，並統整不同論點與貢獻。更重要的是，你可以照顧到學生的情緒，並增加他們的知識廣度。這有助於營造出學習的氛圍，鼓勵學生擁有好奇、尊重、包容、責任和關懷等特質。在這過程中，學生從同學身上學到的，和從老師身上學習的一樣多。

78

發展出尊重與包容的氛圍

雖然每位學生都有自己獨特的性格，透過營造出尊重與包容的班級氣氛，老師可以讓每位學生在班上感覺到安全與自在。這可以透過暫緩課程進度，讓學生花些時間討論切身有關的議題開始。例如，借用三年級數學課的自習時間，邀請學生討論社區裡正在進行的「移民改革示威運動」；暫緩高二原本的課程進度——馬克斯·韋伯（Max Weber）的經濟理論，換成討論同學對學校新規定的不滿與抱怨。原本國一的「健康與教育」，單元主題是性傳染疾病之介紹，在課程進行過程中，因為最近有位學生的哥哥服用過量藥物致死，老師決定臨時改變課程主題。在上述的每一種案例中，老師運用諮商技巧來回應學生迫切的需要，稍後再回到原本安排的課程內容，努力趕上原本的進度。

討論的主題可以很多元，例如，近日校園發生的暴力事件、爭議性的電視節目，或音樂劇錄影帶。過程中，老師扮演催化者的角色，幫助學生以尊重和建設性的方式，表達自己的想法與感受。每一個班級和團體都可能會有成員滔滔不絕，講個不停；有些成員則從頭到尾很少發言。因此，老師的角色在確保每位成員的聲音都可

以被其他人聽到和了解。為達此目的，老師可以設定「一分鐘貢獻」
的規則，以繞圈方式，每個學生輪流發言，來保障每個人的發言權。
此外，也可以邀請班上較少發言的學生，對別人的談話做出回應，
或讓某些學生擔任協同領導者。這些都有助於學生更投入學習，為
團體的進行負起更多責任。

▶ 化解衝突與紛爭 ◀

　　學生有時候會在班上出現脫軌的行為，諸如辱罵的言語或無禮
的舉動，甚至打斷課程的進行。根據前面學到的諮商技巧，你必須
先評估整個情境與學生行為背後的脈絡因素。評估的項目包括：

- 這些脫軌行為代表著什麼意義？
- 學生可以從中獲得什麼好處或次級收穫（secondary gains）？
  是受到注意？還是獲得權力與控制感？或是樂趣？
- 行為的結果為何？對個案而言，是更好？還是更糟？
- 你察覺到內在的感受為何？其實有些被觸動的情緒是自己的
  議題，與學生關係不大。
- 影響衝突事件發生的情境脈絡為何？是受到孩子成長過程的
  生命經驗影響？還是受到班上某些情境脈絡的影響？
- 你觀察到哪些心理困擾的證據？壓抑？焦慮？受虐？疏忽？　　*79*
  或藥物濫用？

　　多數的情況中，學生想要藉著行為傳達某種溝通訊息。即使你
無法立即辨識出學生真正的意圖，藉由檢核上述評估項目的過程，
你會有時間深呼吸一下，冷靜地回應當時的狀況，而不是直接認定
學生是針對你，導致衝動行事。這樣或許能夠避免衝突擴大。

　　你有職責保護學生的福祉，這項任務比你的教學工作更為重

要。就如同醫生被告誡不能傷害病患的倫理規範，老師有責任讓可能處於受虐或有害環境的學生，能在安全與自在的環境中學習。這也是為什麼當你觀察到（或感覺到）某些學生正在騷擾或壓迫其他人（特別是基於某些因素而對他人的欺壓，例如文化、種族、宗教、性傾向，或身體／心理障礙等因素），你都必須挺身而出，及時介入處理。

如果你能適時地運用諮商技巧，在班上營造出「每個人都須為他人的福祉負責」的氛圍，許多衝突是可以避免的。與其被動地處理破壞性或辱罵性的事件，還不如一開始就在班上營造出相互關懷的氛圍。

➤ 面質學生的霸凌與騷擾事件 ◄

對學生的霸凌與騷擾行徑視而不見，後果可是不小的。不僅受害的學生要承受身心的傷害，也會讓加害者的暴行變本加厲。試著回想你過去就學期間曾被同學或老師羞辱、嘲笑或恐嚇的痛苦記憶。在往後的生活當中，這些不堪的回憶依然會歷歷在目，鮮明地浮現在腦海當中。

想必你曾聽過或看過校園的騷擾或虐待事件，即便不是發生在自己的班上，有可能是別人告訴你的，例如被欺負的當事人或親眼目睹暴力事件的旁觀者。如果這類行為沒有被制止，而是一再被包容，多數的暴力行為會不斷地持續出現。

透過班級的討論，學生能夠更警覺地注意到霸凌與騷擾行為的出現，你可以從校園惡霸、受害學生或旁觀者等角度，討論霸凌事件對自己的影響。通常，這樣的討論會引發班上某些學生強烈的情緒反應，特別是有極高比例的受害學生，從沒有機會自在地說出自己被霸凌的痛苦。

接下來我們要討論有哪些適當的方法，能有效處理校園的霸凌行為，或觀察到的種族歧視、各式各樣的偏見或性騷擾事件。在有些學校中，這類事件會被列為需優先處理，例如新同學開始糾纏班上某位同學時，其他同學會立刻挺身干預，表達：「我們不允許這種事情在這裡發生。」

▶ 示範真誠的關心與照顧 ◀

80

　　學生想要獲得老師的關心，希望老師能夠負責任、訂定班級規範與界線，並增進班上相互尊重的氣氛，學生也希望被視為一個「獨立的個體」。

　　透過示範關懷的行為，老師用有意義、有助於學習與激勵性的方式，來形塑班級氣氛。老師必須了解每位學生的獨特個性，設計切合學生興趣的活動，也能對學生的煩惱保持高度敏感。老師可以站在教室門口，招呼每位進教室的同學；在學生做自己的事情時，花些時間，每次和一位同學話家常；你也可以要學生完成一份調查報告，或回應學生的日誌。藉此過程，你可以更了解學生。如此一來，你可以輕易地「進駐」到學生的生活當中，了解孩子的生活發生了哪些重要的事件？有什麼得意的成就？人生遇過什麼樣的挑戰。另一個方法是觀察學生在課外活動的情形，了解他們教室外的行為表現。學生會很高興看到老師在運動場的看台上，或坐在戲院裡的觀眾席中，看自己的表現。

　　我們要提醒你，要敏銳地考量並回應全班同學的需要。學生希望老師能夠保持公正、堅定與言行一致。老師可能無意間顯露出對某位或某些孩子特別偏心，因此，必須小心謹慎，不要表現出偏愛某些同學。為了確保對學生一視同仁，隨時觀照自己與孩子的互動情形是相當重要的。以微笑對待每一位孩子，並與他們做眼神的接

觸。當你請他們發表對某些事件或問題的看法時，記得要給他們足夠時間回答。你可以使用上課名冊或座位表等系統的方式，記錄下你已經叫過的學生，這樣就可以確保公平地對待每一位學生。

≫ 對孩子保持高期待與讚賞他們的成就 ◀

對孩子的高期待是告訴孩子，你對他們的能力有信心，也願意全力支持他們。他們需要知道：你相信他們一定會成功，你也應該這麼告訴他們。讓你的樂觀期待能夠心想事成。當你請學生回答問題時，確定他們有足夠時間來表達他們的想法。如果看到他們有困難，給些暗示或線索來提醒他們。你可以用眼神環顧教室，或在教室裡走動等方式，管理學生的班級行為。用微笑和讚賞等方法，來鼓勵孩子繼續努力。

當孩子的成就是應得的時候，記得要讚賞他們。明確地讚美他們做得好的部分，才會產生激勵的效果。運用「我」訊息（"I" mess-ages），讓他們知道你多麼以他們為傲，願意慶賀他們的成功，並幫助他們看到自己的進步。至於慶賀的方式，你需要根據孩子的年齡與文化習俗。比起公開表揚，有些孩子更喜歡老師私下獎勵，諸如，你可以寫紙條給學生，或寄通知函給家長。

正如同你在個別會談中所做的，運用反映與摘要技巧，讓學生知道你正跟隨他們的步調，懂得他們所說的。

81

團體的助人策略

在本章一開始，我們就強調你可以將助人技巧運用在個別會談以外的情境，例如班級或團體。雖然個別會談具有某些無法取代的特性，諸如，全心專注於孩子身上，並和孩子建立深厚的親密感。

然而，你有太多事情要做了，批改作業、評定成績、準備課程及參加會議，每件工作都會占用你部分的時間，已經超過你可以從容應對的程度了。在時間與時機等雙重考量下，有時候採取個別會談並不切實際。如果能夠調整班級課程的安排，以團體方式來輔導全班同學，可以同時幫助多數孩子處理他們的共同困擾。

歷程取向團體與班級團體的差異

團體帶領者的訓練課程，主要在協助老師如何呈現教材，並評估孩子吸收教材的程度。訓練的內容包括：演說的技巧；運用視聽器材來呈現教材內容；設計方案讓學生分組活動；將全班同學分成幾個「學習小組」，進行合作學習模式；或以團體遊戲方式，幫助學生從玩樂中學習。

相反地，歷程取向團體則提供學生不同的教育經驗。老師常用來聚焦於歷程的方法，有以下幾種：在每一學年開始，幫助新的班級建立起屬於自己的班級規範，讓學生在你希望他們學習的環境下，耳濡目染受到薰陶。如果你引導班上討論的焦點是同學對某一主題的感受，你就是運用歷程取向的教學方法。或是你先進行「模擬」遊戲，然後再請學生報告他們的經驗；或是班上發生了衝突或爭議性的事件，你鼓勵學生發表對這些事件的看法，並協助他們達成某些共識，這也是歷程取向團體的方式。顯然，團體歷程的發展和討論的內容是同等的重要。

這種「成長取向」的經驗和常見的「班級教學」有以下幾點不同：

- **不強調內容**。在歷程取向團體中，只是提供學生安全的環境，讓學生可以自由地探索自己的價值與感受，並覺察對自

己、對他人及生活經驗的觀點。而不是希望學生獲得特定的學習內容。

- **鼓勵成員分享個人對「觀點」的內在反應,而不是「觀點」本身**。班級活動是把焦點放在知識性或技能性的學習;歷程取向團體則幫助成員探索其對過去或現在經驗的內在反應。

- **不允許竊竊私語、漫無邊際的閒聊,或談話焦點放在別人身上**。很重要的是注意團體正發生的經驗為何。不要讓學生抱怨別人做了什麼,也不要讓學生閒聊、理性地討論,或說些無意義或無聊的話。幫助孩子將注意力放在自己「此時此刻」的感受和想法上。老師的職責是確保時間能平均地分配給所有的孩子,不被少數人獨占。

- **歷程取向團體是以學生為中心,而不是以老師為中心**。在許多班級經營當中,老師站在教室前面授課,期待所有學生把注意力放在老師一人身上。顯然,老師是班上最重要的人物。因此,很少有學生會記錄其他同學講的話。但是在歷程取向團體中,老師不再是教導者,而是引導歷程的進行。反而學生的發言時間占多數,顯然是團體最重要的貢獻者,老師只是扮演支持者的角色。

- **每個人只為自己發言**。更強調「我」這個代名詞,而不是「我們」或「你」,目的在幫助學生更誠實地表達自己的看法、澄清想法,並能更敏銳地回應彼此的言論。

- **老師關注的焦點主要在團體動力和歷程上**。比起孩子說了什麼,更需要注意孩子的表達方式,以及內容與方式之間的關係。哪些人常在一起?形成怎樣的同盟關係?凝聚力發展的程度如何?孩子想要逃避什麼事情?任何沉默的訊息隱藏著什麼意涵?

82

由以上的描述可清楚看出，一般歷程取向團體可分成兩種不同的類型。第一種，是在自然情況下，老師針對班上的突發事件，引導班級更深入地討論。這可能是社區發生的一椿悲劇，或是班上其他同學也可能會遇到的某位學生的問題。更常見的運用時機是，當老師感受到某位同學的口語表達、行為表現等表層下，試圖隱藏著強烈的情緒波動，透露著弦外之音時。當然，不需要把每件事的焦點都放在歷程中，否則就沒有空做其他的事了。重要的是，當你覺得班級帶領轉換為歷程取向團體會產生建設性效果時，就是適當的時機了；當然，如何在課程與歷程之間取得平衡是成功的關鍵。

　　第二種歷程取向團體的類型，是精心設計的學習環境。例如讓學生扮演文學作品或歷史故事中的角色，然後，邀請他們討論扮演過程中內心被觸動的部分；或者請學生分成小組，談論他們不太懂的當前時事主題，及其對該主題的感受；也可在每週安排固定的時間，讓學生談談他們的困擾，或困惑的事情。在這些情況下，你的職責是促進成員之間的正向互動，以達到彼此對話、尊重不同的意見，以及學習用適當的方式回應。

83

歷程取向團體的優缺點

　　歷程取向團體具有個別會談所沒有的幾項優勢。例如，社區發生了危機事件，使得有些同學開始關心類似的話題，例如藥物濫用、暴力或災難等。當學生可以公開地表達他們的感受並受到認可時，就能了解自己不是唯一有這種情緒反應的人。比起一對一的個別會談，在團體中，顯然你可以接觸到更多的學生，能更有效地運用時間。此外，團體結構提供改變的支持系統，教導學生成功適應社會的技巧，並增進親密與信任的團體氣氛；更重要的是，讓學生有機

會從同儕中獲得建設性的回饋。有些老師在班上實際運用歷程取向團體後發現：這的確有助於增加教學的樂趣，他們觀察到在短時間內，孩子的想法、感受和行為都有顯著的改變；他們發現自己真的可以為孩子的生命帶來正向的改變。

　　但是，歷程取向團體並不是沒有缺點。由於歷程取向團體是強而有力的教育與治療模式，具有「可載舟，亦可覆舟」的雙刃效應。如果團體領導者沒有受過專業訓練，或尚未準備好處理危急的情境，在團體進行過程中，可能會讓一些成員的內心受到傷害。因此，相較於一般教學職責或是對學生的個別輔導，歷程取向團體的帶領需要高度的引導能力與技巧。如果沒有充分的準備，同儕壓力、被迫遵從的壓力、控制力不足，或複雜度的增加等因素，都會對教學情境產生影響，很快地就會讓老師心力交瘁。

　　茲摘要歷程取向團體的優、缺點如表 5.1（見下頁）。如果你想在班上帶領歷程取向團體活動，以增進學生的情緒成熟度及學業成就，你需牢記以下幾點：

1. 如果找不到受過專業訓練的人督導，諸如學校諮商師、社工師或心理師等，請勿嘗試任何團體活動。

2. 建立清楚的規則與界限，以保障學生的權益，包括輪流發言、尊重別人的說話態度、只為自己發言、不打斷別人說話等。此外，還可以依實際的狀況，增加必要的團體規範。

3. 不強迫學生坦露讓他們不舒服的隱私。在個人還沒有準備好的情況下，被強迫去做某些事，極可能對他們的內心造成傷害。

4. 由於同儕壓力對學生具有相當大的影響力，因此，每個參與者的權利需要受到保護。

5. 保持文化差異的敏感度，才能了解不同背景學生在團體中的

表 5.1　歷程取向團體之優缺點比較　　　　　　　　　　*84*

優點	缺點
更有效地運用資源	很難做到確實保密
鼓勵親密感與信任	需要更多的技巧與能力
提供支持系統，以利改變的發生	被迫遵從與同儕壓力
教導成功的人際互動技巧	學生較少受到個別的注意與幫助
提供替代性的學習機會	領導者的控制力與影響力較少
幫助孩子練習新的行為	可能會對學生造成傷害，尤其領導者沒有受過專業訓練，或學生在心理尚未準備好的情況下，被迫做某些事情
提供真實的回饋	
讓教學更有樂趣	

表現方式。

6. 身為領導者，要清楚地了解你必須介入的特定時機有哪些，
才能保護學生的安全，並確保團體運作的順暢。

介入團體的時機

　　根據有效團體領導的研究，已經找出讓團體進行順暢，或避免
成員受到傷害的介入時機。建議歷程取向團體領導者，在你的經驗　　*85*
還未純熟前，牢記以下幾項原則，或將原則放在身邊，以方便隨時
參閱。以下的情況是介入的時機：

　　***1.*制止辱罵或敵意的行為**。絕不允許團體成員對彼此有不尊重
或辱罵的行為。無論何時，只要你看到某一位或多位同學尖
酸刻薄地羞辱別人，可能會傷到別人的自尊時，你必須馬上
介入，以導正團體氛圍。例如，「甘蒂，妳可以怎麼修正剛
才對法蘭克說的話，但是，這一次是不會傷到他的心？」然

後再問：「法蘭克，或許你可以告訴甘蒂，你現在的感受？」

2. 確實執行大家都同意的規範。 在歷程取向團體的開始，通常成員會先討論並形成團體規範，明確規定哪些行為是可以被接受，哪些不被允許。幾個常見的規範為：保密原則、只為自己發言、以尊重與關懷的態度和別人互動等。與其說領導者的角色是執行這些規範，倒不如說是確保團體成員能夠遵守，例如，「我注意到丹尼又遲到了，不知道大家想怎麼處理這件事？」

3. 打斷分心和離題的行為。 由於團體時間十分寶貴，而且要做的事情很多，因此領導者的重要功能是讓團體的討論不偏離主題，也不允許任何一位成員操縱或控制討論的過程。有些學生的人際互動風格容易激怒別人或產生反效果，也需要團體成員直率地回饋，幫助他覺察自己的人際盲點。例如，「黛安娜，我注意到姜說話的時候，妳在翻白眼。妳可以讓他了解，他花了這麼多時間表達自己的想法，妳的反應是什麼？這或許對他有幫助。」

4. 示範適當的行為舉止。 身為一位老師或團體領導者，最具影響力的角色之一是示範你希望孩子表現的行為。你展現自己的方式、示範的技巧、言行舉止所流露出來的自信與寧靜，甚至你表達看法所使用的語言，都是學生仿效學習的榜樣。例如，「請注意我剛才說的：『對於剛才發生的事情，我對自己很生氣。』意思是『不是別人害我這樣子，而是我解釋情境的方式，讓自己這麼難受，是我自己造成的。』當我這麼說時，我在提醒自己，我終究擁有主控權，可以選擇自己感受的方式。」

5. 在無聊與被動的氣氛中添增樂趣。在適當的時機,如果團體
　領導者沒有偶爾激發團體士氣,團體氣氛可能變得沉悶、無
　聊與了無新意。事實上,沒有比單調乏味的課程內容更讓學
　生對教育感到厭惡。你可以在活動設計上發揮無限的創意,
　讓團體展現更多的生命力,例如運用幽默、即興表演、角色 *86*
　扮演,或任何可以發洩孩子旺盛精力的活動:「好了,你們
　表演得有氣無力的,我們來做些不一樣的吧!在接下來的十
　五分鐘,請每個人扮演團體中的某一個人,但不要說出你在
　模仿誰,看看大家能不能猜出誰在扮演我們自己。」

6. 修正非理性或扭曲的思維。在前面的例子當中,我們提到,
　使用的語言是內在思考的象徵,藉由改變內在自我對話的方
　式,同時也可以改變我們的知覺以及根據這些內在詮釋而衍
　生的行為。因此,當孩子用自我挫敗或非理性的方式說話
　時,也是常見的團體領導者介入時機。

外化:「學校裡的每一個人都在找我麻煩,我怎麼可能會
　　　表現得更好。」
誇大:「這是我這輩子最糟的一天。這是我這輩子最慘的
　　　一天。」
自我論斷:「我是人類有史以來最差勁的橄欖球員,我真
　　　是一無是處,什麼事也做不好。」
拒絕負責任:「又不是我的錯,我只是運氣差了些。」
扭曲:「如果沒辦法獲得我想要的,還不如死了算了。」

　　在上述狀態下,團體領導者應立即介入,以修正學生的表達
　　方式:「你的意思是說,如果沒辦法獲得你想要的,你會有

點失望。」

7. **增強某些行為**。類似班級的行為改變技術,當學生表現出某些行為,你希望這些行為能夠持續出現,而且希望其他學生也能仿效時,老師就需要增強該行為。「湯米,你剛才以委婉和圓融的方式為自己的主張辯護,我非常地欣賞。」其他需要被鼓勵的行為還有:自我揭露、說話直率和簡潔、合作、關懷別人、願意嘗試建設性的冒險等。

8. **提供所需的結構**。當團體的結構太強或引導力不足時,團體成員容易不知所措。剛開始,老師試圖將班級活動轉換到歷程取向的團體情境,學生傾向於過度地克制自己,以確保獲得成功的經驗。有時團體成員因不知道該做什麼,而出現聊天、漫談的狀況。因此,在團體初期,最好提供較多的結構;隨著團體歷程的進展,逐漸讓學生承擔越來越多的責任,引導團體的方向。

9. **制止抱怨的行為**。當學生在團體中感覺安全時,很快地,就會變成抱怨大會,孩子會抱怨其他老師、他們的父母、天氣、失去的機會或各式各樣的可能性。光是抱怨自己受到不公平的待遇,對事情的解決並沒有任何幫助,我們的規則是只能談論我們能做的事:「大衛,我了解接受『別人都知道自己的糗事』是多麼地不容易。既然你無法改變過去,也沒辦法禁止別人談論你的八卦,但我們一定可以幫助你未來有所不同。何不讓我們把討論重點放在這裡,好嗎?」

10. **安慰焦躁不安的學生**。有時候,我們察覺到某些跡象,顯示學生的內心正在承受某種煎熬,例如觀察到孩子眼眶含著淚水,或出現激動、退縮或滿腔怒火的行為。這些情況是需要老師的介入,好讓孩子感受到被關懷與支持。「丹尼,你現

87

在看起來好像很痛苦。我們可以怎麼幫助你？」

11.面質學生的不一致。當某位學生表現出自我挫敗或自相矛盾的行為時，就是直接面質的時機。剛開始，帶領者可以先示範這些技巧，讓學生模仿並學到這些技巧後，他們就可以在適當時機自己運用這些技術了，尤其是受到帶領者的暗示時。例如：「凱珊，妳好像對南森說的話面露困惑，南森以前好像不是這麼說的。妳何不告訴南森妳之前聽到的？」

12.給予建設性的回饋。類似上述學生受到老師暗示而直接面質同學的示範，我們也希望示範：回饋給別人對他們優點的觀察。幾次之後，學生就會模仿，並運用在和同學的互動當中。當回饋的內容符合以下標準時，最具有建設性：

(1) 明確性：回饋的內容過於廣泛或含糊，效果就會打折扣。「年報式的回饋」（yearbook feedback）形式，就像學生在彼此畢業紀念冊上寫的內容，例如：「你的人真甜，千萬不要改變。」剛開始的感覺也許很棒，但是時間久了，也就沒什麼意義，不知道自己還能做什麼改變。因此，與其告訴對方：「別人沒有認真看待你的話。」還不如說得更明確些：「我注意到你在說話的時候，語調輕柔，眼神很少看著對方，這會讓別人對你說的話打折扣。」

(2) 敏感性：回饋通常具有威脅感──強烈的威脅感。聽到別人直率地表達他們對你真正的想法，的確會讓人忐忑不安。因此，要謹慎斟酌回饋的用詞，學生才能真正聽懂你說的話，並願意接受建言。「麥娜，我很欣賞妳以輕描淡寫的方式來表達想法，字裡行間都隱藏著力量。我在想，妳是不是可以更清楚地讓我們知道『妳真正的

想法是什麼？』」好的回饋要兼具支持性與建設性（請注意，我們避免使用的字眼，像是正向和負向）。

(3) 支持性：你不僅要情緒支持被回饋的人，還需要舉例說明來支持你的論點。盡可能具體描述對方實際的行為，這將有助於幫助他們理解。「迪克，剛才你臉上露出厭煩的表情，顯然你不同意別人所說的話。你有沒有注意到，你現在正這麼做？我看到你的那種表情時，我會感覺你沒有注意聽我說話，那麼，我就不會繼續做任何嘗試和努力了。」

上述的範例都是由老師先做回饋的示範，希望藉由這些示範，催化學生彼此給有助益的建議。教師被賦予權威者的角色，握有很大的支配管理權力，因此，老師回饋的影響力遠大於同儕；但是老師還是需要以身作則，親身示範你希望學生學到的溝通方式。

前面幾章所提過的助人技巧，都可以成為團體歷程的介入策略。無論是團體或個別會談，反映成員談話內容、情緒或摘要談話重點，都是適當的作法。

歷程取向團體的種類

有幾種方式可以讓老師將團體歷程活動融入課程當中，來帶動活潑、有朝氣的班級氣氛。如此一來，在學業當中融入情緒成長經驗，將有助於學生處理他們困擾的重要議題，例如被同伴接納、自我認同、價值的澄清、道德與情緒的發展、關係的困擾、壓力管理，以及在日常生活中會遇到的其他適應性困擾等。

當老師觀察到有一群學生面臨類似的困擾時，就可以運用歷程

結構來幫助學生。例如，有一個孩子來找你（她覺得很困擾），因為朋友的母親在一場車禍意外中喪生。同時，你注意到其他孩子也受到這件意外事故的影響，有些孩子變得比以前更沉默，有些孩子出現更多脫軌的舉動；幾位家長也觀察到，他們的孩子不尋常地擔憂自身的安危。在這種狀況下，公開討論這件意外事故，特別是針對孩子的恐懼，才能幫助孩子處理內心的不安。這只是其中一個範例，可以說明如何運用歷程取向團體，來幫助學生澄清和表達他們的感受。以下將說明其他歷程取向團體的實例。

≫ 結構性團體活動 ≪

89

結構性的團體活動對老師來說是很熟悉的，很適合幫助學生思考學習的內容，咀嚼消化成為自己的東西。最簡單的作法是分組討論剛才欣賞的影片、閱讀過的書籍、聽過的音樂。你也可以精心設計為期一週、一學期或一學年的系列結構性活動。通常預期達到的效果包括：協助學生更敏銳於自我覺察與了解他人。

例如，一位教授社會研究的老師，以「歧視」為授課主題，她可能會設計系列的活動以幫助學生覺察自己的偏見及這些態度如何形成。一位藝術課程的老師可以透過圖畫的展示，請學生用審美的角度來評論畫作，發表個人的見解。

合作學習模式的團體規範，強調成員彼此分享個人所關心的話題與感受，表達對彼此的正向關懷，及以團隊合作的模式來完成指定的任務。成員需遵守以下的互動規則，包括：(1)確實遵守保密原則；(2)能專注傾聽成員的發言；(3)禁止負面評價的出現；(4)尊重每位成員的個人隱私權。這些團體規範的設計目的在營造學生「同儕族群」的共識，讓成員感到安全，願意深入探索內在未知的領域，並自在地表達。在無須擔憂被評價、被拒絕或失敗等情況下，發展

對彼此的親密感。

和歷程取向團體一樣，在結構性團體活動中，執行規範、引導成員參與討論，以及促進成員彼此互動等責任，會逐漸由老師轉移到學生身上。老師的角色是透過提供環境的結構、探索相關議題、問問題、介紹活動內容、分派成員任務等方式，促進團體歷程的進行。主要目的在鼓勵成員養成負責與關心別人等行為。

▶ 內外圈的團體形式（Fishbowl Structures）◀

在教室中間，老師和一小群學生圍成圓圈進行討論，其餘的學生則圍在外圈當觀察者。每位外圈的觀察者都會和一位內圈被觀察的同學配對，負責觀察內圈同學在活動中的行為，並於事後給予回饋；或是外圈同學根據老師指派的某項任務，觀察整個團體的進行過程。

內圈成員參與內心深層的體驗活動，示範了參與團體的互動原則，觀察者從中也獲得替代性的學習。活動告一段落後，觀察者與被觀察者的角色互換。

例如，老師讓一班高中生以戲劇的方式，來探討性別差異的問題。班上女生先在內圈，被指派的任務是，按照她們對男生常見聚會話題或言行舉止等印象，想像她們是一群男生聚在一起談笑風生。不久之後，她們用誇張的手法扮演一群男生高談闊論，討論足球和性等話題，像是有男子氣概的賽馬騎師，在討論過程不時喧嘩大笑。

輪到男生假扮女生聚在一起的情形時，同樣地，他們想像嬌柔無助女生的言行舉止，打扮得花枝招展，把角色發揮得淋漓盡致。不用多說，外圈觀察的女生看到這些演出，和男生看到女生的嘲弄演出，一樣都笑不出來。

回到大團體討論時，男女雙方激烈地談論著他們受困於性別角

90

色的心情，表達他們被嘲笑時的惱怒，下定決心以後要對性別差異
更為敏感些。

▶ 輔導團體 ◀

在時間、資源及支持團隊等條件的許可下，如果學校諮商師能
投入更多時間，舉辦各式主題的輔導團體，可以幫助學生獲得最多
的益處。實際上，如果讓學生自己選擇喜歡的課程或主題，傳統教
授的英文、數學、社會研究、自然科學、歷史、外國語言、古典文
學等，可能不會被列為優先想要學習的項目；相反地，他們可能比
較喜歡學習有關「異性」、「關係」（如造成關係融洽與關係結束
的關鍵要素）、「父母」（如何讓父母答應自己的請求），以及其
他流行時尚的相關主題。學生需要在非學業領域當中也獲得協助。

輔導團體的目的在補充學業課程的學習，針對學生當下有興趣
的生活實用領域，提供特殊的訓練。由於輔導團體具有教導的特性，
比起其他的團體類型，你會更熟悉這類團體形式。無論活動設計是
為了增進學生的問題解決能力、學習技巧、生涯探索或溝通技巧，
都是針對他們非常感興趣的主題，提供實用的資訊，幫助他們將所
學運用到日常生活當中。

▶ 支持性團體 ◀

在一所學校中，有一群老師警覺到學校某些學生受到社區暴力
事件的負面影響，出現了學習困難與不服管教等行為問題。由於社
區諮商師的工作負荷過重，人力也不足，老師決定採用幾種方法來
解決這件事。

諮商師發現老師能有效地處理學生日常生活問題，因此，在學
校的場域中，可以在少數諮商師的督導下，成立支持性團體。透過

91 團體帶領者的訓練，安排兩位老師一組，互為彼此的協同領導者，在自己的學校裡成立支持性團體。除了暴力問題之外，另一個重要的問題是學生或家長的藥物與酒精濫用問題。因此，團體目標設定在這兩種不同的主題上，依此安排系列的課程，提供機會讓學生討論共同關心的話題；藉由彼此的回饋中領悟到「有效的方法與無效的方法」；聽到別人分享他們的恐懼與擔心，知道自己不是唯一處於痛苦掙扎的人；最後，在充滿壓力的艱困時刻，成為彼此的支持力量。

為自己找到支持的力量

學習帶領歷程取向團體的最好方式是：邀請一位比你有經驗的夥伴加入。在冒險嘗試未知的領域時，藉著一位經驗豐富協同領導者的協助，你才能放掉許多常見的擔憂；在活動進行遇到阻礙時，他的支持可以成為你的「安全保護網」。此外，協同領導者可以示範團體開始、維持與結束的其他作法。每次團體單元結束後，他也可以對你的領導風格給予寶貴的回饋，作為你改進的方向。

你可以在自己的同事中找到協同領導者，例如諮商師、主管或其他老師；你也可以聘請當地大學相關領域的教授作為督導。當你帶著期待卻又忐忑不安的心情，想要嘗試新的冒險時，協同領導者會增加你的信心，並給予必要的支持。

對班級重要事件的反應方式

最後一項是，在教室裡將所學的技巧運用到平日的師生互動當中。經過時間的洗禮，經驗豐富的老師早已學到，當學生問問題、

表達個人想法，或表現特定行為時，在回應前，最好先了解對方真正想溝通的訊息是什麼；就和個別會談一樣，你要處理的不僅是談話的內容，還包括背後隱含的內心感受。

根據不同情境的教學經驗，我們蒐集了幾種對班上學生回應的最佳處遇方式。這些都是針對個別的學生，是為說話者和聽眾雙方所設計的介入策略，不屬於團體技巧。雖然有些看來好像是聰明的小技巧，值得你去熟記。但是，每一個案例都需要以身作則，示範你希望學生學習到的某些價值，如開明、誠實、直率、有愛心與言行一致。

以下是班上常發生的某些事件、問題、陳述或行為，老師的回應方式如下：

92

- 「這是個好問題，你的想法呢？」

  當你不知道該怎麼回答學生問的問題時。

- 「你有什麼證據可以支持你的想法？」

  當學生被誤導或弄錯時。

- 「不要用講的，你要不要表演給我看？」

  當你不了解學生在說什麼，或班上死氣沉沉，需要活力時。

- 「不用跟我爭辯，你要不要先自我辯論一下？」

  當學生挑戰你的論點，你感覺到他在抗拒去接受新的觀點。

- 「我等會兒再和你討論這個部分？」

  當你不知道該如何回答學生的問題時。

- 「你要不要猜猜看？」

  當學生回答：「我不知道。」

- 「這是很好的論點，可不可以請你說明，這些和我們討論的主題之間的關係？」

  當學生偏離主題或分心時。

- 「如果你不介意的話，我想請你摘要剛才表達的重點？」
  當學生漫無邊際閒談時，或當你的注意力分散，以致沒聽到學生的談話內容時。

- 「你看起來陷入沉思了。」
  當學生沉默寡言或被動時。

- 「報數，三人一組。」
  當班上氣氛沉悶，你希望全班分成幾個小組，討論能振奮人心的話題時。

- 「這讓我想起一則故事……」
  學生好像聽不懂你說的話，需要和他們的經驗做連結時。

- 「我想你能不能用不同的方式，重新修正剛才的話？」
  當學生的表現很遲鈍或無禮時。

- 「我可以在下課時和你談一下嗎？」
  當學生說個沒完，別人插不上嘴，或要求更多注意時。

- 「你真的同意我剛才所說的？」
  當學生在尋求認可時。

- 「你怎麼看待你的表現呢？」
  當學生想知道他在考卷、報告、作業或課外活動的表現時。

- 「這個嘛？不是那麼正確！」
  當學生的技術還很粗糙時。

- 「在此時此地，你的感受是什麼？」
  事情進行得不順利時。

- 「你現在需要怎樣的幫忙？」
  當學生明顯地遇到困難，或瀕臨崩潰狀態時。

- 「讓我們試試看其他方法。」
  所做的任何嘗試都沒有發揮效果時。

- 「我覺得我們之間有些芥蒂，我希望能夠解決。」
  當某人持續地搗蛋或惹人厭時。

- 「我在想這到底是怎麼回事？」（自言自語）
  當學生企圖指使或操縱你。

- 「我們之間有些問題需要解決。」
  當學生在測試你的界限，例如遲到、早退、蹺課、遲交作業
  等等。

　　上述案例只是少數可能出現的範例，老師的反應不可能一成不
變。上面呈現的方法，主要在示範如何直接面對學生的挑戰而無須
動怒的作法；同時，也介紹了如何引介歷程要素到內容取向的課程
當中。例如，在教授「分數」或「間接代名詞」的課程單元中，偶
爾暫停課程的預定進度，詢問學生他們現在的內心感受，是否會因
課程的難易度，使得學生覺得自己很愚笨或沾沾自喜，可以幫助學
生覺察他們的情緒狀態。學生可以分享他們如何克服無聊或看不懂
新教材的挫折感，或是犯錯時的尷尬。老師只需要花幾分鐘處理學
生所關心的議題，如此一來，往往就能幫助班級營造出安全的心理
環境，學生能更自在地請求別人的幫助；同時，在你不知道答案或
還沒掌握確實情形時，你也能在班上學生面前坦然承認。

活動建議

1. 在你現在所隸屬的團體（如學校、工作場合、家庭和休閒娛
   樂場所）中，觀察團體的動力與歷程。在這些團體中，你扮
   演的角色特徵是什麼？作為團體成員和潛在領導者，你的優
   勢與劣勢分別是什麼？將這些反應記載於日記中，或在團體

討論中分享。

2. 選擇一項你有把握帶領的結構性團體活動，試著將這個活動運用在一群小朋友、班上同學或朋友身上，協助成員探索他們的價值、感受與信念。活動結束後，請他們回饋：在團體經驗中喜歡或不喜歡的部分各為何。

3. 找一位具有團體帶領經驗，願意在支持性團體中成為你的協同領導者的人，帶著你的團體帶領計畫去找這個人。他可以是學校諮商師、學校心理師、學校社工師、受過團體進階訓練的資深同事，或當地大學諮商師教育學系的教授。

4. 在團體中，和同儕分享你在歷程取向團體中擔任「成員」的經驗，以及從這些經驗中你學到什麼？領導者做了哪些事情是你最欣賞或最不欣賞的？

閱讀建議

Beaudoin, M. N., & Taylor, M. (2004). *Breaking the culture of bullying and disrespect, grades K–8*. Thousand Oaks, CA: Corwin Press.

Boynton, M., & Boynton, C. (2005). *The educator's guide to preventing and solving discipline problems*. Alexandria, VA: Association for Supervision and Curriculum Development.

Corey, G., & Corey, M. S. (2005). *Groups: Process and practice* (7th ed.). Belmont, CA: Wadsworth.

Franek, M. (2005). Foiling cyberbullies in the new wild wild west. *Educational Leadership, 63*(4), 39–43.

Gibbs, J. (1987). *Tribes: A process of social development and cooperative learning*. Santa Rosa, CA: Center Source.

Iverson, A. M. (2003). *Building competence in classroom management and discipline* (4th ed.). Upper Saddle River, NJ: Pearson Education.

Kottler, E., & Gallavan, N. P. (2007). *Secrets to success for beginning elementary school teachers*. Thousand Oaks, CA: Corwin Press.

Kreidler, W. M. (2005). *Creative conflict resolution*. Parsippany, NJ: Good Year Books.

Marzano, R. J., Marzano, J. S., & Pickering, D. J. (2003). *Classroom management that works: Research-based strategies for every teacher*. Alexandria, VA: American Counseling Association.

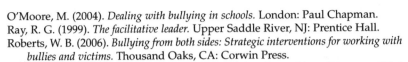
O'Moore, M. (2004). *Dealing with bullying in schools.* London: Paul Chapman.

Ray, R. G. (1999). *The facilitative leader.* Upper Saddle River, NJ: Prentice Hall.

Roberts, W. B. (2006). *Bullying from both sides: Strategic interventions for working with bullies and victims.* Thousand Oaks, CA: Corwin Press.

Stone, R. (2005). *Best classroom management practices for reaching all learners: What award-winning classroom teachers do.* Thousand Oaks, CA: Corwin Press.

親師溝通技巧

在教學工作中，最讓人挫折的層面之一是，你必須承認，即使
盡了全力，投入許多時間與精力來幫助學生學習與成長，但是沒有
家長的合作，老師對學生的實際影響還是十分有限。在你的保護與
教導之下，有很長的時間可以影響孩子的生活重要層面，但不幸的
是，一旦孩子離開學校，他們可能置身於與學校全然不同的環境和
文化當中，甚至對他們產生了與學校教育目標背道而馳的影響。

在班上才華洋溢的學生當中，強納是最棒和最聰明的一個。他
夠聰明，也很有能力，能夠完成任何決心想做的事情。毫無疑問，
上大學是他未來必走的路；至於以後，誰知道？

離開學校後，生活中會有很多不同方向的拉扯力量。除了母親
之外，與強納住在一起的還有母親的同居人，及同母異父的手足。
當他帶著書本回家時，常被同母異父的手足惡意取笑；如果他想看
書或用功時，家中的各種吵雜聲音，如電視喧鬧聲、孩子打鬧聲、
母親與同居人的爭吵、人來人往的吵雜等，都讓他無法專心唸書，
於是，強納盡可能減少在家的時間。

強納的母親知道自己的兒子很聰明，也很有潛力，她也竭盡所

能，靠自己的能力栽培孩子。那些老師懂什麼，竟然膽敢暗諷她不關心自己的兒子或自己其他的小孩？為什麼又要召開教師座談會？這次，她決定讓那些「萬事通」的老師知道，她不可能坐下來聽那些不切實際的演講，像是「在家閱讀」或「送孩子參加暑期特定主題營隊」等內容。也許她應該搬到別人不會多管閒事的地方，那會是對強納最好的安排。

當孩子企圖拯救父母的時候

沒有家長的合作，老師很難讓孩子的生命更豐富，老師能夠達成的最重要任務之一，是邀請家長成為夥伴，參與學生的教育歷程。我們主要的工作是與學生發展信任的關係，但是，除非我們和他們的父母也建立相同的關係，否則，一切教育努力所能發揮的效果都會受限。

在過去幾十年之間，家庭系統已經成為最有趣的心理學研究之一，也就是承認在親子關係上的努力是很有影響力的。我們現在知道，只有了解孩子的個別行為，而不去檢視孩子行為背後的家庭環境脈絡，對孩子的幫助十分有限。需要注意的因素還包括家庭聯盟、隱藏的權力來源，以及有意或無意間增強某些行為背後的微妙溝通訊息等。

以前，賴利在學校是一位乖巧、合作的年輕人，但是最近他的態度變得桀傲不馴，經常惹老師生氣，結果他被轉介給學校諮商師，尋求其協助。由於賴利的問題顯然很嚴重，隨後又被轉介給社區治療師。治療師和賴利晤談幾次後，賴利有顯著的進步，終於回復他原本的樣子。

幾星期後，學校再次聯繫該治療師，但是這次換成賴利的弟弟

——史蒂芬,他因為啟動學校的火警警報器而被抓。這的確令人十分困擾,因為在違規事件之前,史蒂芬是一個模範學生,全部成績都是 A,也擔任班長。在相當短的時間內,史蒂芬對諮商的反應很好。日後,再也沒有出現違規行為了。幾週之後,學校又再度聯絡治療師,這次換成家長求助,他們和最小的兒子發生衝突,他在家裡脾氣很壞,和家人的衝突不斷。父母困惑地詢問:「到底是什麼讓我們的孩子著了魔?他們以前從未有過這些問題?」

到底是怎麼回事?最後才知道,原來是父母的婚姻衝突逐漸累積到引爆點,開始公然在家裡爆發戰火,家中經常充斥著父母的爭吵聲、向對方威脅要離家出走、憤怒的吼叫聲、砰然關門聲等。唯有在孩子有麻煩的時候,兩人才可以心平氣和相處。他們會暫時休兵,一起努力解決孩子的問題。一個戲劇性例子可以說明這種現象:父母正在餐桌上針鋒相對,互相指責對方須為他們共同的痛苦負責。就在爭論氣焰不斷擴大,即將爆發嚴重衝突前,賴利向弟弟丟擲麵包,很快地,兄弟四人陷入拉扯、扭打的混戰當中,父母必須停止爭吵,出面制止孩子們的騷亂。

孩子脫軌行為的目的,在轉移父母困在自己煩惱的注意力,這不是特例。雖然不是有意識的行為,然而效果卻相當明顯。只要孩子在學校有麻煩,父母便聯合起來提供必要的協助;一旦孩子的問題獲得解決,父母間的衝突或其他家庭成員的爭吵就會繼續。孩子的脫軌行為,在家庭中擔負著穩定平衡的功能。

97

老師若想了解某些學生煩惱的原因,並解開學生脫軌行為並未帶來明顯好處之謎,探索家庭動力就特別具有深遠意義。這個例子也可以幫助你了解親師溝通的重要性。除非與學生同住的家人願意支持你所做的一切,否則再多的努力,效果還是有限。雖然對某些老師而言,和家長溝通會讓人感到恐懼不安,卻是蒐集學生家庭背

景等重要資料的絕佳機會,有時候也會對父母的行為具有建設性影響,使家長願意有效支持你所做的努力;反之亦然。

三個常見的親師溝通的主要時機是:由學校安排的「懇親會」(open house)、約定的會談及家庭電話聯繫。無論上述哪一種狀況,之前介紹的諮商技巧都有助於讓談話更聚焦、更有建設性。你可以在家長身上使用和學生會談的相同策略,和他們建立信任的關係,請他們談論對事情的看法,反映他們隱藏的感受,讓他們知道你聽到他們的心聲,也了解他們關心的事情,在必要時設定限制,建立共同的目標,以及建構共同合作的計畫等,以便催化所期望的改變發生。

懇親會

首先介紹最容易進行的公開座談會,此形式提供最多人聚集和溝通的機會。在開學後幾週內,許多學校就會安排懇親會,邀請家長到校參觀。主要目的在讓家長看到孩子的課程安排與活動狀態,同時也提供和老師碰面的機會。理論上,這是很好的構想,但實際的情形可能會出現混亂的現象:家長和學生到處走動,老師則忙著維持秩序。

在懇親會中,大部分的狀況是,你只能花幾分鐘和每一小組的家長交談,有時候,甚至同時需要和幾位家長碰面。在這種情況下,留下良好的第一印象是很重要的,盡可能表現出你的自信、穩重、學問淵博等特質,不要讓人感覺傲慢、自大與難以親近。基本上,在有限的時間內,盡可能展現你個人的魅力,讓家長以後有需要的時候,願意毫不隱瞞地找你討論孩子的問題,這樣的互動才能產生效果。

在你與家長的互動過程中，最重要的是讓家長對你的教學熱忱與對孩子的關心留下深刻印象，雖然懇親會的主要目的，是向家長說明你的教學期待、班級規定及這學年預定實施的課程綱要。切記，家長會小心謹慎地觀察你，並評估你是不是他們可以信賴的對象。班上可能會有學生回家後不斷向家長告狀，抱怨你的種種不是，例如你出的作業太難、你上課很無聊、你的為人不公平、你討厭他們、你的穿著品味很差勁等等。如果你能將家長納入合作聯盟裡，他們就會制止這些牢騷，並支持你的努力。

家庭電話會談

在與父母諮詢的方法中，家庭電話聯繫是最常見、最簡單和最容易實施的。相較於會談的安排，家庭電話聯繫的好處是非正式、較少威脅和便利性。但另一方面，由於通常是在晚上和家長電話聯絡，會占用到許多你個人的時間。

在剛開學時，許多老師會先做初步的家庭電話聯繫，向父母介紹自己，稍微談一下未來一年的期望和計畫。雖然這樣做可能要花費許多時間，但預先做好準備，就不用全累積到懇親會時才做。

要牢記在心，通常讓電話會談成功的要素是：給予父母正向的回饋，至於孩子的問題則稍微帶過。這個方法很有用，可以讓家長知道孩子在學校最新的狀況，簡要報告孩子的進步情形以及後續的狀況。

這類電話溝通的範例如下：
- 「我想讓您知道，瑪雅這週的表現很好。她在班上是很重要的幫手。」
- 「我想先做些預告，在未來幾週裡，您的孩子每天都會有家

庭作業。到目前為止，他做得非常好，希望我們可以一起努力，幫助他持續的進步。」

- 「我想讓您知道，您女兒在我們今天的討論中扮演重要的角色，她平常雖然很安靜，但在發表個人想法時，見解十分精闢，切入重點，讓我印象深刻。」

- 「您的孩子非常熱情，而且精力旺盛，不過有時候他會有點興奮過度，尤其是午餐後他吃了很多的糖果時。我想知道，您在家裡有沒有注意到他有類似的狀況？」

前面我們介紹過的所有諮商技巧，都可以用在和家長的電話聯繫上。由於你無法透過非語言的傾聽來表達關心，所以，藉由電話語言的確認，很重要的是讓家長知道「你了解他們」。聽起來這似乎是一件微不足道的小事，但你會很訝異，這個「小事」可以產生意想不到的正向經驗。記住，你只有幾分鐘可以留給對方好印象、傳達重要訊息，並蒐集想要的資訊。需要注意的是，由於無法事先知道何時是電話聯繫的好時機，因此，進入談話主題之前，必須先確認家長是樂意的，也有時間會談；如果不是，改約其他方便的時間再致電是比較適宜的。

基本上，電話家庭聯繫的幾個理由是：

1. 讓家長知道他們的孩子做了值得讚賞的事：「您的兒子今天幫了我很多的忙。當其他小朋友開始吵鬧時，他幫忙讓他們安靜下來。我希望您知道，他可以成為具有影響力的領導人。」

2. 告知家長孩子的學業成就：「您的女兒昨天在班上的單元測驗中考了九十五分。這是她到目前為止最好的表

現。」

3. 蒐集你所需要的資料，以利提供孩子最好的幫助：「您
   女兒告訴我，她有注意力不集中的問題，她也接受了這
   方面專家的協助，您可不可以告訴我細節？您對幫助她
   有什麼建議？」

4. 當學生不服從時，尋求家長的支持：「雖然您的孩子很
   有潛力，但如果他不繳交作業的話，他這學期可能會被
   當掉。」

5. 提醒父母你觀察到學生的異常行為：「這週，我注意到
   雙胞胎好像有點疲累，我懷疑他們是不是生病了，或者
   最近是不是發生了什麼事情，讓他們很擔心？」

　　考慮到父母工作的時間及晚間為家庭互動的時間，許多老師比
較喜歡利用上午打電話，在學生出門上學到開始上課之間，趁家長
還沒上班前打電話。

　　當你要打電話給家長時，先找個安靜的地方，以確保有電話隱
私，千萬不要犧牲了保密原則。此外，要確認有足夠的談話時間，
如果感覺有點匆促，就等時間允許時再打電話。你可以先準備好開
場白，條列出想要表達的重點；可以描述過去發生的情形，以及產
生的成功或失敗結果，並確認未來的目標。為了能夠舉出具體實例，
你需要隨身準備成績單、出席紀錄簿及學生上課作品等佐證資料，
必要時，可以拿出來提供家長參考，這將對親師會談很有幫助。

　　當打電話給家長時，很重要的是先介紹自己，並塑造正向的談
話氣氛。保持愉悅的心情和有禮貌的態度，使用客觀的詞彙來描述
現狀，並說明電話聯繫的理由，請家長提供對問題可能有用或適切
的資料。記住，你是在尋求家長的支持與幫助。

100

在一些複雜的情境中，你可能接收到家長情緒性或防衛性的反應。在這種狀況下，諮商技巧有助於反映你聽到的憤怒，並簡述對方的談話重點。你需要給家長時間表達他或她的觀點，記得重述你聽到的話，反映其隱藏的情緒，並試著引導談話朝向有利於未來改善的方向。邀請家長協助，持續支持對學生有用的努力，或是幫助學生未來有所改變。

在會談中，家長需要有很多的機會可以問問題、獲得更詳細的解說，以及尋找其他的問題解決方法。他們也是既定的合作夥伴，可以一起幫助孩子在學校獲得個人、社交及學業等成功經驗。你需要和父母一起腦力激盪未來的願景，和他們一起協商與擬訂可以達到願景的具體可行計畫。

電話結尾的作法包括：首先摘要談話的重點，然後確認與家長（或監護人）的溝通內容取得共識。最後，預約下次聯絡時間，以利追蹤待辦事項並評估會談效果。

如果談話變成對立、讓人不舒服或沒有好處時，最好先結束電話談話。你可以圓融委婉地解釋時間有限，希望能夠另外安排當面會談，可單獨和父母見面或邀請主管或諮商師作陪。電話結束後，一定要將談話內容、雙方同意的事情及下次聯繫後續事情的時間，寫下簡單摘要。

電子溝通模式

除了電話談話外，另一個選擇或搭配的方式是使用 e-mail 和父母溝通。電子訊息具有立即回饋的極佳功能，很適合向家長報告學生近日的好表現或進步狀況，但須注意你的拼字與標點符號；也要記得，你沒辦法確認這種溝通形式一定會被收到並立刻閱讀。另一

個問題是如何確保保密性。所以，在寄發電子郵件前，最好先和父母確認。同時也要謹記在心，這種對學生表現的書面評論紀錄，日後有可能會因某種目的而被引用，這是你想像不到的，所以要特別謹慎用詞。

　　網頁與部落格也可以有效作為與家長溝通的管道，並提供他們班上課程進度與班級活動的最新消息。在網頁或部落格上可以放置預定舉辦的團體或個別方案、校務通訊，以方便家長及訪客獲得相關資訊。

親師會談

　　在學校信箱的通知備忘錄上，一位西班牙文老師把蘇茜母親的「家長會談申請表」列為最優先處理的事項。蘇茜是一位啦啦隊隊長，經常獨處、沉默的國三女生，顯然沒有融入其他同學的社交圈內；她相當值得信賴，總是在教室看書寫字，但成績平平。當被老師點名發言時，蘇茜總帶著細柔的聲音回答，並參與活動，從不搶先發言，所有的老師都喜歡她是班上的一員。因此，她的西班牙文老師不了解這次會談的目的。

　　備課期間，她為這次會議做些準備。首先，她拿出課程大綱，包括課程期待及成績評分標準等，然後，她將上課所有的作業、小考、測驗以及蘇茜的成績列個清單；其次，她蒐集蘇茜課堂上的學習作品及下次作業，準備在會談中讓她媽媽看。最後，她查詢蘇茜的母親是否曾參加過「懇親會」，也查對電話檔案卡的紀錄，了解是否曾因某種理由與蘇茜的母親談過話。她早就學到，在和任何一位家長碰面前，事前的準備是相當重要的。

　　放學後，老師重新布置班上的桌椅擺設，將兩張桌子面對面放

置，她將所有的事情安排就緒後，坐下來焦慮地猜想唐娜太太心中的可能想法。不久後，她就知道答案了。會談期間，老師得知選讀西班牙文是蘇茜自己的決定，她不理會母親和諮商師都建議她高一再選讀。此外，唐娜太太也透露她女兒是一位州內排名具競爭力的游泳選手，比賽期間須向學校請很多天公假，她相當擔心蘇茜的成績是否因此受到影響。這位老師持續傾聽並鼓勵這位家長多講一些，她得知蘇茜雖然是一位啦啦隊隊長，但在某些場合中相當害羞。與唐娜太太的會談中，她獲得有關這位學生豐富的行為背景資料，可以更了解這位學生。她很欣賞蘇茜為自己的人生設定目標，並下定決心達成這些目標。未來她可以站在更佳的位置來幫助蘇茜，包括為她個別複習上課的教材，或安排補救性作業；同時也會確定蘇茜感到安全自在時，才編入分組討論中。

有些老師對於要和家長會談會有防衛心，心中很快浮現這樣的疑問，諸如：「這位家長到底想和我談什麼啊？」「這位家長以為他是誰呀！」常見的辯駁內容諸如：「我沒有給學生很多家庭作業」、「我出的考試題目並不難」及「我並沒有挑你兒子的毛病」。然而，大部分的會談很有助益，能激發學生的學習動機。通常家長希望他們的孩子學得更好，也希望老師幫助他們的孩子。你從家長身上獲得的資訊，可以激發你重要的靈感，並據此規劃未來的輔導方案。在前面所舉的例子中，那位老師根據家長提供的資訊，設計了相關主題，來鼓勵蘇茜參與班上的討論。此外，和家長的團隊合作，可以確保學生朝向成功的道路邁進。

羅伯絲太太收到國小四年級兒子的學業成績時，十分失望，立刻和老師預約會談時間。魯弟的成績不及格，在學校的行為古怪、難以捉摸，會談一開始，羅伯絲太太就告訴老師，如果她的兒子不守規矩，可以儘管揍他，她在家裡就是這麼管教他的。老師聽完後

102

就建議，也許他們可以一起討論還有沒有其他的解決方法，因為體罰的效果不大，即使有效，通常也會有副作用。首先，老師和羅伯絲太太一起檢視她對學校的期望，以及魯弟每天要繳交的作業內容。

一旦和家長建立起合作的關係，羅伯絲太太就更願意嘗試一些她可以幫得上忙的方法。在會談期間，羅伯絲太太告訴老師，魯弟是家中的老么（老師心中想著：難道他不成熟的行為根源於「嬰兒情結」？），兩位哥哥已經上大學，魯弟未來的志向是成為一名歌星。雖然只是國小四年級，他就被甄選上男童合唱團，這是極為罕見的榮耀，也是老師可以運用的天賦。於是，她寫下備註事項：「在明天的課程中，記得安排歌唱活動」，也許她可以透過音樂來激發魯弟的學習動機，並抒發他旺盛的精力。

在上述的例子中，親師會談最重要的好處有：

1. 蒐集孩子的興趣和能力等有用的資訊。
2. 觀察家庭動力的動態模式，並注意可以解釋孩子行為的任何線索。
3. 在教育歷程中，邀請家長的協助，使其成為合作的夥伴。
4. 與父母一起合作，以達成雙方共同的目標。

建設性會談的引導技巧

在許多面向上，親師會談就像是即席演出的戲劇，雖然有概略性的劇本可以遵循，但還有許多即席發揮的空間。老師擔任導演的主要角色，父母與學生飾演其他角色，雖然他們可能不清楚自己所扮演的角色為何。然而，每個人在預測其他人可能會說或會做的劇本當中，都會事先預演部分的回應內容。老師應該謹慎思考親師互動過程的每一個環節，才能讓會談順利進行。

103

▶ 籌備 ◀

不同的表演形式（如戲劇、音樂劇、喜劇）有其獨特的戲劇發展與劇本結構；親師會談的類型也是如此，也有不同的方式，但可歸納為三種基本的形式：第一種是父母察覺到孩子的問題，主動要求與老師會談；第二種是老師認為與家長聯繫，有助於蒐集相關資訊或請求家長的協助，而主動聯繫家長；第三種是由學校主動安排，於每學期定期舉辦的懇親會等。隨著主動召開會議人的不同，會談目標就會有所改變。由父母主動要求的會談，你就要運用傾聽技巧，邀請父母談論他們關心的話題。由你主動安排的會談，則用問話技巧來蒐集資訊，並設定目標或解決問題。無論上述哪一種會談形式，定期告知孩子的進步狀況是最基本的報告內容。透過討論共同關心的話題，讓談話內容聚焦，也能有效與父母建立起良好的聯盟關係，並提供學生在社交與學業的進展。

在任何情況下，盡可能使用讓家長自在的詞彙是很重要的，如果你採用教育性的專有名詞，一定要定義清楚並舉例說明；把孩子當成「個體」，正確描述孩子的狀況，不要為了避免衝突而掩飾問題，也避免標籤化或用刻板印象來討論孩子的問題。

在籌備親師會談時，你需要考慮以下細節：會談的時間與地點為何？每次會談時間多久？如果能夠避免的話，每次會談的間隔時間不要太過於密集。

參加的成員有哪些人？需不需要翻譯人員？是否需要邀請其他老師參加？學生會不會在場？

有些老師喜歡讓學生參與籌備的過程，如此一來，學生就不是處於「被審判」的地位了。透過讓學生主動參與籌備的過程，將有助於其獲得寶貴的學習與領悟。會談前，你可以考慮詢問學生幾個

問題：「在我和你父母的會談當中，你希望能夠達成什麼樣的共識或目標？」「作為一位調節人或橋樑，你希望我扮演什麼樣的角色？」或「如果我提到你在班上的搗蛋行為，你可能會有什麼反應？」不僅事先告知學生會談預定的討論重點，也讓學生共同承擔這次會談的成敗責任。

有些老師會讓學生來主導會談的進行，負起所有階段的責任——從規劃到擔任會議主持人，在籌備的過程中，培養領導技巧。在正向與建設性的氛圍當中，學生喜歡從父母與老師身上獲得關注；同時，老師也在培養學生所需要的溝通技巧。蒐集學生的作品，以便在會談中向家長展示其學習成果。有了學生的幫忙，老師可以減少會談準備的工作量，自己的會談角色也從領導者轉變為資源提供者。

104

然而，有些時候並不適合讓學生參與會談，例如家庭出現嚴重問題、涉及權威或控制的問題，或班上出現嚴重問題時。此外，每增加一位成員，就會增加會談當中關係運作的複雜度。

無論由誰主動提出會談要求，在準備會議時，都要考慮桌椅的擺設方式。例如，坐在桌子後面，可以產生象徵性的界限；面對面的座位安排，可以產生合作和分享的氣氛。你需要為所有參加會談的成員準備舒適的椅子，也要考慮會談的地點；會談的地點盡可能不會受到太大的干擾，可以在門口張貼紙條，提醒別人不要干擾會議的進行。如果你需要掌控時間，可以在不顯眼的地方放個鬧鐘。

至於需要準備哪些資料？你可以蒐集學生的作品、成績單和作業等資料，作為談話的佐證，可能的話，提供學生參與課程活動的錄影帶或照片。花些精力蒐集學生最得意的作品，使會談有正向的開始。你也可以準備一些問題清單，蒐集學生的相關資料，以及希望完成事項的草稿。

▶ 介紹 ◀

如果這是第一次和家長會談，在辦公室歡迎他或她後，再介紹自己；在和家長握手時，記得眼神的接觸，並告訴他或她：很高興他或她能在百忙中抽空前來；要讓他或她有賓至如歸的感覺。在引導家長進入會議室的途中，先以肯定學生的正向方式來開啟話題，諸如，「他早上都會向我打招呼」、「她寫的家庭作業總是整整齊齊的」、「我聽比利說，他剛考上水上安全教練證，你一定以他為傲」。

允許父母有時間環視會議室，觀察與適應周圍的環境。你也可以描述學校典型一天的生活作為導覽，這也許是第一次家長親眼看到孩子在家裡描述的學校。

有些學校會安排團體會談，所有老師及諮商師或主管都會出席。在這種狀況下，可以明確說明學校的教育目標和對學生的行為規範，與家長建立起對學生表現的持續性回饋與關懷機制。在設定學生的預期進步指標時，所有在場的相關輔導人員態度最好一致。

老師們可以一起討論，並對學生在不同階段需達成的行為目標取得共識，所有老師對孩子的態度要一致，學生才不會對老師的教導感到無所適從，才能幫助學生在態度或學業表現有正向的改變，形成具有凝聚力的輔導計畫。

▶ 會談的開始 ◀

引導會議進行的最好方式是開門見山，直接說明會談目的。如果會談的目的是傳達資訊，你可以報告孩子各學科的進步情形；若會談是為了解決學生的問題，可以詢問有關學生一般性的開放式問題來開啟會談。例如，「裘蒂在家裡是怎麼描述學校的？」使用傾

105

聽與探問技巧，蒐集只有家長才能提供的學生相關資料，如果學生在場，讓他或她也有機會說話、問問題，以及表達他或她的感受。

▶ 問題解決 ◀

描述學生的行為與課堂表現，指出他或她的優點與缺點。確認這學期的教育目標或目的，避免使用教育的專有術語。可以請學生說明他或她對問題的看法。他或她看到哪些阻礙？他或她對現況的改善或解決有什麼建議？如果讓學生參與做決定的過程，可以增加成功解決問題的機會。此外，要有心理準備，雙方可能因觀點的差異而無法達成共識。談話內容最好強調雙方共同的看法，談話焦點放在可以幫助學生的可能策略上，問自己以下問題：「事先需要做哪些準備？」「孩子有沒有其他的選擇？」「誰可以幫忙？什麼時候？在哪裡？多久一次？」過程中，和家長一起設定問題解決的預定時間表，確定家長和孩子的責任各自為何。在達成預期目標的過程中，你扮演什麼角色？

▶ 評估 ◀

考慮設定哪些進步指標？擬訂哪些後續的計畫來評估結果？規劃未來老師與家長的溝通管道。需不需要另外安排會談？會談的形式為何？透過電話通知呢？還是寄給家長學生近況的通知單？會談幾天後，可以寄給家長追蹤關懷函，詢問他們參加會談後的收穫為何，對於討論的內容還有沒有其他的想法。

▶ 結論 ◀

106

邀請每位成員摘要他們對會議內容的理解，以及接下來有哪些打算？你要列出會談重點，或是請學生記筆記，藉由複誦的方式，

幫助大家回顧會議的重點。記得感謝家長與你分享有關孩子的重要資訊，一起幫助孩子在學校有良好的表現。最後，請家長給你回饋，未來如何調整，可以讓會談更有收穫。

▶ 反省與檢討 ◀

會談結束後，花一些時間反省一下自己的表現，記下未來可以改進的地方：

- 你有沒有讓家長感到安全與自在？
- 你能夠回答家長問的問題嗎？
- 你有沒有讓家長有時間說話，還是你霸占了談話時間？
- 你有沒有強調學生的優點以及缺點？
- 你有沒有將會談聚焦在學生的問題上，而不是談論家長的困擾或學校的問題？
- 有沒有擬訂改變的計畫？
- 有沒有摘要會談的重點？
- 每一個成員是否都清楚知道自己的責任為何？
- 還有沒有你忘記提出來的事，希望列入下次討論的主題？

在個人的隨身札記中摘要會談的重要想法，作為會談效果的參考指標，對你會很有幫助；另外，可以提醒自己在下次會談前需完成的事項。你可以用筆記本或索引卡作為會談日誌，以方便歸檔與查閱。

當事情不如預期時

即使是最有經驗的老師，也會有遇到困難的時候。不是所有的

家長都會如我們期待的容易相處，或願意配合校方的作法。例如，邀請單親家長或上班族家長會談，你可能會難以找到雙方共同的時間。如果家長在會談中談及個人的困擾，則需優先處理家長的情緒，然後才能討論孩子的問題。換言之，幫助他了解孩子的問題之前，他需要一位聽眾好好聽他訴苦。有時候，互動變得越來越火爆，甚至有人爆發怒氣。有些家長會對老師心懷怨恨，把老師視為權威人物，或是壓迫、冷漠無情的機構代表。基於某種理由，你可能會遇到某些家長，他們向你挑釁的興趣遠大於幫助自己的孩子。

107

有時候，你發現自己需要和「麻煩型」的家長溝通，這些家長可能很擔憂、恐懼和防衛性高，也可能是攻擊性強、不斷要求別人。我們會透過範例來討論如何和這些挑戰性高的家長合作。

➤ 憤怒的家長 ◀

「我女兒不可能會說謊。我無法原諒你居然暗示如此卑鄙的謊言。」莎莉企圖在語言測驗中夾帶小抄作弊。

老師必須辨別出憤怒經常是來自挫折。在這種情境下，最好的方法是保持接納的態度，允許父母宣洩他或她的情緒。你需要使用傾聽技巧及同理的態度，但這並不容易做到，因為你可能因個人的品德操守受到質疑而感到生氣。然而，自我克制會對你有好處，使用反映與傾聽技巧，直到憤怒逐漸冷卻。千萬不要辯駁，那只會讓事情變得更糟。

在你試圖和家長合作，共同解決孩子的問題時，需要隨機應變。如果雙方無法對某些解決方法達成共識，就應該改變討論的焦點。要牢記人際衝突的處理通則是：當你採用的方法無法產生效果

時，就不要再重複做無效的行為，應該試試其他的方法。如果無法改變家長的心意時，與其加倍努力，不如退讓，試試其他方式。無論如何，千萬不要讓事情演變成辱罵競賽。維持內心寧靜的最好方法，是在會談期間不斷地提醒自己：「這不是針對你，家長只是盡自己最大的努力，羞辱他或她不會帶來任何好處。」

當然，如果家長變得無禮或惡言相向時，你必須設下界線。在這種情況下，建議找一位同事或主管做調停人；另外安排會談時間也會有幫助，讓家長有足夠時間恢復平靜。

我們給你中肯的提醒是，即使你具有很好的協調能力、為人隨和、容易相處、也不容易與人衝突，有時候也會碰到某些家長嚴厲指責你，你又找不出他或她為什麼會這麼生氣的理由。事先做好心理準備，萬一遇到這種情況時，就可以臨危不亂地表現專業態度，盡你所能，在賓主盡歡的情況下，結束會談。

▶ 失望的家長 ◀

> 「我不知道我可以怎麼做？」柯漢太太說，她很失望
> 兒子的成績居然拿到 D，「他是這麼好的孩子，我們對他
> 的期望也很高，可是他就是一點也不在意學校的功課。」

無論父母是過分涉入或疏忽，都會妨礙孩子的學習與成長。有些孩子內心有強烈的衝動想要告訴父母：「你沒辦法強迫我做任何我不想做的事。為了證明給你看，你要我往東走，我就偏往西。」

有些父母對孩子懷著不切實際的期待，不顧孩子的興趣與才能，強迫他或她實踐父母的心願，這也可能導致失望的結果。

失望的家長需要有人可以從頭到尾聽他們把話說完，做「現實

108

檢驗」會對這類型的父母有益，幫助他們比較「自己的期待」與「實際可能實現」之間的差異。你可以讓他們了解到，孩子有自己的人生規劃，無法強迫他們實現父母的人生目標。最後，幫助他們覺察現在的所做所為如何導致失望結果的發生，進而願意做出改變。運用前面單元所提到的策略，幫助父母了解到：不斷地嘮叨、強迫孩子做功課，不僅會降低孩子完成的可能性，也保證孩子一定會反抗。藉著退讓一步，給孩子多些自由，幫助孩子願意為自己的生命承擔更多的責任，而不是覺得自己總是讓父母失望。

≫ 自顧不暇的家長 ≪

> 「吉米的問題變得越來越嚴重，這超過我能力可以處理。最近我身上發生太多的事了，我完全沒辦法專注。我知道吉米需要我的幫助，但是，有時候我實在沒有精神管他。」

自顧不暇的父母需要親友圈以外的人能夠聽懂他們。在某些場合中，你被期待是一位具有同情心與技巧精熟的專業人員，能夠幫助陷入困境的家長感覺被了解，這將對他們有很大的幫助。在大部分的情況下，你的主要工作是與苦惱的家長建立起足夠的信任關係，因此，他或她會尊重你的建議，願意尋求專業的協助。事實上，憂鬱、焦慮或受苦的家長，通常對孩子的問題處於束手無策的狀態。這時候，你的工作是鼓勵他們向專業心理師或精神科醫師諮詢，不僅是為了他們自己，同時也為了幫助陷於困境的孩子。

通常，經歷情緒困擾的人因害怕被別人貼上「瘋子」的標籤，會抗拒尋求心理衛生的專業協助。因此，要鼓勵家長去尋求專業協

助,並不是一件容易的事。你可以透過一些方法來幫他們鋪路,引導家長面對與處理他們所關切的事情,然後不斷地鼓勵他們確實執行解決的方法。家長會等團體也可以提供支持,當家長知道其他人也同樣為這類問題心煩時,會寬心不少,恢復為人父母的信心。

▶ 操縱型的家長 ◀

> 「我知道你在電話裡說過:『不會更改我女兒的成績。』我當然尊重你對這件事情的專業判斷,但是……」

你遇到的家長中,不是所有的人都會直率地表達他們對你的期望,有些人會隱藏他們的企圖,想讓你去做違反你個人意願或良心的事。更改成績只是其中一項。其他的還有:有些家長希望你能夠特別照顧他或她的孩子,另一位家長則希望你答應不合理的安排,或是屈服於不適當的請託。

在這些情境裡蘊涵的內在衝突是,有些家長想從你這兒獲得某些好處,他們知道如果直接向你表達這個請求,你會拒絕。因此,他們以巧妙操縱、拐彎抹角或暗地進行等方式,企圖達到目的。有些家長企圖運用權力或脅迫方式對你施壓,例如告訴你:「學校董事會裡有我的好朋友」或「如果你這麼死心眼,堅持要這樣處理,我可能被迫對你做出懲戒性的舉動」。

要處理操縱型的家長並不容易,也沒有標準答案。我們提出這些狀況的主要目的,是讓你有心理準備,而不是告訴你明確的解答。我們只能勸你謹守專業守則,不要屈服於操控性手段之下;但你必須在事情還未太遲之前,立即辨認出此刻發生了什麼事。當然,這些警覺能力來自於經驗的累積。

好的督導與支持也相當重要，特別是在你早期的生涯當中，不僅可學習到籌備家長會談裡裡外外所有的事情，還可包括你工作裡所有的事項；當你遇到操縱型的家長，你需要有人和你站在同一陣線，如校長、主管、資深同事等，他們可以支持你，並建議你如何順利通過已經設下的計謀圈套。

➤ 沉默寡言的家長 ◄

　　在家長會談中，沉默寡言的家長可說是最具挑戰的類型之一。可能是因為太過於緊張、不確定別人對自己有什麼樣的期待、英文不流利的限制，或單純地被動性格使然，有些家長在會談中很少發言。也有可能是因受到原生家庭的文化影響，這類家長在老師面前會比較安靜。在面對這類家長時，你會發現自己不得不喋喋不休，來填補時間並化解沉默的尷尬，可是又對會談進行的狀況覺得很不舒服。

110

　　該怎麼面對沉默寡言的家長？這取決於這位家長沉默的理由。首先，試圖和對方確認：「我注意到你很少說話。」這位家長就會澄清他感覺到有些不自在，或他不知道你的期待，或他本來就是一個話不多的人（如果他回答你的問話為：「是的！」你可以證實他就是最後那一種情況的假設）。

　　在某些情況下，語言本身可能就是一種障礙。在這種情況下，請學校翻譯人員參與討論，或請其他家人陪同出席，會對談話有所幫助。你也有可能會遇到一些家長，他們的孩子從未上過學，因此，這些家長可能對學校的文化很陌生。

　　在多數的案例中，要有耐心，讓父母有機會認識你、足夠信任你，而願意向你坦露內心的想法。無論如何，請記得，如果你試圖以滔滔不絕的獨白來填補沉默的空隙，家長就沒有機會加入你的談

話當中。

≫ 突然拜訪的家長 ≪

從門窗突然閃過的人影吸引你的注意，你不認識這位正要走進你辦公室的成人。當你打開門時，這位家長自我介紹，希望耽誤你一些時間，想要討論雷尼的學業平均成績。

但現在並不適合和家長會談，你有責任看顧教室裡的學生，即使學生正安靜地自習、寫作業，也不適合在學生面前和家長談話。你可以謝謝這位母親對孩子的關心，另外約定雙方都方便的時間再會談。

每一個會談都有自己的步調和獨特的特徵，如果你能夠對每位家長的人格特質保持敏感度，並做適當的回應，就可以運用你的人際風格去適應每個情境的獨特需要。例如在某些會談中，你不需要做什麼，家長就能夠滔滔不絕地暢所欲言；但在有些會談中，你必須採取更多直接的引導，例如提供資訊或問問題，才能幫助家長表達自己的想法。在召開家長會談的方式上，你的彈性越大，就越能與不同類型的家長發展正向的工作同盟關係，諸如來自不同的文化、背景以及特殊狀況的家長。

我們不希望讓你過度擔憂或懷疑你即將接觸的家長，大多數的家長都是配合度高、尊敬你，也很感激你高度的奉獻與能力表現；然而，仍需要注意，或許在某一學期當中，你可能會遇到至少一位不太好相處的家長。

多元文化的觀點

「彈性」的確是你和家長建立起信任與尊重關係的關鍵，你需要對來自不同文化背景學生的母國文化有所認識，並且在你能力範圍內，讓不同價值、需求及興趣的學生，在你的幫助下，感覺到安全、自在。你已經學習到，具有多元文化的敏感度對接觸孩子是多麼重要；相同的原則亦適用在營造與他們父母的合作關係上。

你必須了解班上學生原生文化的習俗與態度，才能了解學生和其家長的行為模式，並避免造成雙方的誤解。特別是，注意非語言的溝通訊息，例如在許多種族中，和一位大人的眼神接觸被視為是失禮的行為，因為這個理由使得有些人在談話時是看著地上，而不是看著談話者。有些家庭強調合作而非競爭，所以，他們的孩子會在考試期間向其他人求助，或是對競賽的態度與其他人不同。某些文化不贊成女性擔任權威者的角色，因此，一位女性教師可能不懂為何自己很難和男性家長建立起融洽的關係。對不同群體的學生展現出你的欣賞與敏覺性，有助於你們彼此互動關係的融洽。

多數的家長喜歡聽到有關孩子的正向評語；他們聽到越多孩子進步的消息，就越能支持你對課程計畫的努力。

活動建議

1. 探索你的家庭動力史，檢視你父母的行為如何影響你在學校的行為表現。試著回憶過去對你生命有戲劇性衝擊的特殊事件，當時你父母說了什麼或做了什麼？老師可以怎樣幫助你處理父母對你的影響？

2. 請一些朋友或同事和你扮演一場家長會談,專注在互動時所運用的助人技巧上,特別是探問及積極傾聽。

3. 和一位夥伴一組,你扮演一位憤怒與防衛心強的家長,知覺到老師對孩子的影響力與權力超過自己,感受到威脅性。角色扮演後,請從家長的觀點,討論你在該角色裡的感受與反應為何?當做父母的能力受到質疑時的感受是什麼?

4. 寫一封範例信件給家長,說明親師會談的目的,包括你希望完成的事情、家長對會談的可能期待、會談的舉辦時間與地點,以及需要做哪些準備等。

5. 和不同年齡層子女的家長面談,請教他們在與老師的會談中,最好和最差的經驗分別是什麼?他們對於「你可以做哪些改變」有何建議?

6. 請教幾位老師的看法,詢問他們最喜歡的家長會談的形式是什麼?他們是如何籌備會議的?當他們受到質疑時,如何讓自己不要失控?他們怎麼引導家長的談話聚焦在會談目標上?他們如何有效地運用時間?

閱讀建議

Arends, R. I. (2007). *Learning to teach.* Boston: McGraw-Hill.

Austin, T. (1994). *Changing the view: Student-led parent conferences.* New York: Heinemann.

Boult, B. (2006). *176 ways to involve parents: Practical strategies for partnering with families.* Thousand Oaks, CA: Corwin Press.

Gorman, J. C. (2004). *Working with challenging parents of students with special needs.* Thousand Oaks, CA: Corwin Press.

Jonson, K. F. (2002). *The new elementary teacher's handbook: Flourishing in your first year* (2nd ed.). Thousand Oaks, CA: Corwin Press.

McEwan, E. K. (2004). *How to deal with parents who are angry, troubled, afraid, or just plain crazy.* Thousand Oaks, CA: Corwin Press.

Picciotto, L. P. (1996). *Student-led parent conferences*. New York: Scholastic Books.

Rudney, G. L. (2005). *Every teacher's guide to working with parents*. Thousand Oaks, CA: Corwin Press.

Rutherford, P. (2002). *Why didn't I learn this in college?* Alexandria, VA: Just Ask Publications.

Simpson, R. L. (1996). *Working with parents and families of exceptional children and youth: Techniques for successful conferencing and collaboration* (3rd ed.). Austin, TX: Pro-Ed.

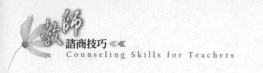

7 CHAPTER

向其他專業人員
請益

　　即使你具有以下的優點：(1)在諮商歷程中，具有豐富的知識且 113
諮商技術精湛；(2)能夠成功適應並扮演好生活中的各種角色；(3)擅
於人際溝通；(4)能夠正確評估孩子的問題，了解他們問題背後隱藏
的關鍵議題，並設計有效的助人策略。在工作上，你還是需要請教
其他專業領域的專家。在諮商的角色中，老師能發揮最好的功能是：
正確診斷孩子的問題所在，並知道向誰或到哪裡尋求專家的指導。

　　教師不僅擔任家長與學生的諮詢者，當他們自己需要某些幫忙
時，也經常會尋求其他領域專家的服務。你會向外尋找專業協助的
理由如下：

- 可以獲得你專長以外的其他專業意見。
- 從一個全新、開創性的解決角度，幫助你重新檢視所面對的
  問題。
- 用客觀和超然的角度，重新檢視你的經驗。
- 獲得外援，去處理你沒有時間或沒有意願完成的工作。
- 提供你所需的特殊專長訓練。
- 提供你缺乏的多元文化觀點。

　　一旦走進校園，你會發現自己並不孤單，你周遭環繞著一群教師同事，他們會用他們所知的方法，想盡辦法幫助你；很快地，你有機會連結教授同年級或相同科目的教師，組成教學網絡。此外，在規模較大的學校中，科系主任通常是你解決問題的重要資源。

向督導請益

　　許多學校會分派一位部門主管或經驗豐富的教師，作為你的督導（mentor），引導你熟悉學校的常規、慣例、傳統及各項表格的填寫等。當你遇到棘手的學生問題，已非你的訓練與經驗所能處理，他們可以協助你有效解決這些困難。當學生跑來找你，傾訴他們關心的話題或困擾時，有時候，你難免會陷入不知所措的困境當中，此時，向你信任的同事請益，會是個很棒的構想。

　　許多單位會為新進教師或初任教師舉辦正式的入門研習，幫助他們認識學校各單位的資源。也有學校針對教師的需求，定期舉辦一系列的專業發展訓練。這種師徒的督導關係，在你承受沉重壓力時，會幫助你獲得應有的支持；在你有所成就時，也有人和你一同慶賀。好的督導能夠懂得你所經歷的經驗，並適時提供你情緒上的支持。

　　透過合作的方式，督導可以幫助你聚焦與反思。在諮詢會談中，你可以提出遇到的困擾或關心的話題，督導可以協助你更深入地了解問題所在，評估各種可能性，再從中選擇最可行的方式來嘗試。日後可以和督導繼續討論嘗試的結果，並檢討改進之道。

　　要牢記在心，前面學到的教師諮商技巧，就足以幫助你採取有效的方法來幫助情緒困擾的孩子。

向其他教師請益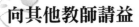

　　其他的教師也可以提供你必要的協助，幫助你全面與正確地評估所遇到的危機，傳授你教學的訣竅；在你需要時，提供學生的背景資料，並說明學校的慣例與傳統。

　　　在開學第一天，老師點名到湯姆巴力特三世，他是一位身高六呎二的足球選手，他回答：「包基。」
　　　「包基？」老師困惑地重複這個名字；她剛才詢問學生，喜歡老師怎麼稱呼他們。
　　　「包基。」他很肯定地回答。
　　　老師不太確定這個綽號的意思。放學後，她跑去請教一位體育教練，他解釋說，每個人都稱呼年輕男子為「包基」（Boogie），沒什麼好擔心的。

　　隨著你與學校同仁逐漸建立起深厚的情誼，你會發現，你有很多人可以請教；同時，也有很多人會向你請教。這些人包括學校警衛、圖書館員、宿舍管理員、秘書等教職員。

　　有一次，明蒂忘記準備地理科考試，導致學期末成績不及格。*115*
從此，她對地理課的態度很負面。近日，她參加的合唱團即將展開兩天的巡迴比賽。她的老師很擔心明蒂的課業會落後，對學業的態度更加消極、被動。當明蒂拿請假單給老師簽名時，老師暫緩簽字，決定先找合唱團指導老師談談此種情況。兩位老師決定一起和明蒂談談她在地理課的行為與成績。明蒂承認她並不用功，承諾會花時間在家庭作業上，也同意在巡迴比賽前，會先完成請假期間該做的

功課,以便她回到學校時,能及時趕上班上其他同學的進度。

許多學校規定,學科成績或學業平均成績需維持一定分數以上,學生才可以參與課外活動。因此,如果學生的行為或學業成績有問題時,應直接和樂隊指導老師、社團發起人、教練或活動贊助人討論,共同幫助學生處理問題。

特別是對剛完成第一年教學的初任教師而言,可以好好運用教師同仁所擁有的豐富經驗。無論是學生管教問題、課程的實施方式、文具教材訂購等方面,或單純地只想找個人發發牢騷、宣洩一天的霉氣,你的教師同仁都可以成為你的支持系統。

向校長請益

行政主管也可以擔任良師益友的角色,提供靈感、支持與指導的絕佳來源;他們過去擁有豐富的教學經驗,可以站在你的角度,幫助你更容易完成工作。

你最大的挑戰之一,可能是和行政主管發展良好的工作關係。因為他們會考核你的工作表現,特別在你遇到棘手問題時,良好的關係會讓你安心許多。這樣的關係不是短期內可以建立起來的,信任感是慢慢累積而來;當然,你也可以促使關係建立的過程順利,而不是等待別人採取主動。例如,邀請校長到你的教室看看學生創作的作品、對你在公告欄布置的教學輔助方案給些建議,甚至邀請他或她參與課程活動。這種策略讓校長有機會認識你的專長,也了解你班上的教學活動。此外,你也可以在進行順暢的會議、課外活動或是對你具有特別意義的教職員研習當中,告訴校長你的感受或給予正向回饋。你也可以主動向校長報告課程活動進行的情形,或主動提供改進的構想與建議。

學校主管是問題解決的專家，讓他們知道你什麼時候需要幫忙。你要牢記在心，他們曾經和你有相同的經歷，相當熟悉教學的挫折，不過，你需要提醒他們，你在工作上實際遇到的困難為何。目前任職的學校是你待過的機構當中最好的地方？還是充滿困難與阻礙的地雷區？這大部分取決於你和行政主管或科系主任之間的關係。無論是在企業界或教育界，建立與督導間的良好關係，讓督導的良師潛能得以發揮，將是你工作滿意度與成就感的重要關鍵。

成功的轉介技巧

當你知覺到有些個案的問題已超過自己的能力範圍，造成你時間和精力上的沉重負擔，不過仍然希望個案能獲得必要的協助時，這就是轉介的時機。有時候，你知道某個孩子需要協助，也知道轉介給哪些適合的專業人員，但是無法確定這個孩子及其家人是否願意接受專業的幫忙。因此，成功轉介需要很多的智慧或技巧，才能讓助人工作發揮功效。符合以下條件，將有助於功能的發揮：

1. 你已經和學生建立起良好的關係，他或她可以感受到你的關心、真誠投入與承諾。

2. 你了解到諮商產生效果的因素有哪些，你也掌握這樣的諮商特性，使得幫助學生的效益可以持續。

3. 你幫助孩子了解諮商能夠做什麼以及無法做什麼，設定切合實際的期待與目標。

4. 你運用一些基本的傾聽和回應技巧，所以學生在諮商關係中有很好的體驗，因此，更願意接受和其他專家會談，持續這樣的關係。

5. 你獲得學生的承諾，願意為自己的情形做些努力。

6. 你願意持續追蹤轉介後學生的情況，以確定學生願意履行承諾，繼續接受幫助。

如果你了解諮商歷程運作的方法，你就可以實施上述每一個步驟，包括掌握諮商的發展階段，以及過程中所使用的技巧。不管你是準備轉介或自己接案，與個案經歷完整的諮商歷程所運用的諮商基本技巧，都需遵循前面提到的基本原則。

117

向諮商師請益

白蘭德先生注意到德瑞莎的改變，但很難描述那是什麼，她比往常還要沉默與鬱鬱寡歡。雖然她照常做功課，也參加班上討論，但展現的活力程度有些不同，白蘭德先生無法明確指出她是怎麼了。他曾試著和她溝通，但每次都被她簡短的回答所切斷，例如白蘭德先生問：「最近過得怎麼樣？」她總是回答：「很好。」「你今天過得好不好？」她會用「很好」來結束談話。他決定拜訪這個女孩的諮商師，請她不動聲色地和這個女孩談談。

幾天後，諮商師回覆說，德瑞莎家裡的確發生一些問題，但德瑞莎希望能夠保守秘密。諮商師感謝白蘭德先生的敏銳觀察，並向他保證一切都在掌握之中。白蘭德先生仍然十分好奇德瑞莎和她家裡發生了什麼事，諮商師解釋：有時孩子比較喜歡告訴老師以外的人，尤其德瑞莎非常喜歡白蘭德先生，不希望老師知道自己不光彩的事。有時會發生這種情況，雖然我們很想幫助學生，但身為權威者的角色，有時會阻礙我們營造出像諮商師的角色和訓練所能形塑的諮商關係。

當你無法與某位學生建立起聯盟的關係，或情況已經超過你的

能力範圍時，諮商師可以提供你所需要的支持與指導。當你懷疑某位學生受到虐待或疏忽時，你會怎麼做？或是某位學生向你請教避孕的方法，你要怎麼回答他或她？當你注意到某位學生突然性格大變，你會如何處理？這時，諮商師可以提供所需的支持、回饋和問題解決的技巧，幫助你處理有關自尊和生涯教育的問題；或是轉介給諮商師，由他們直接和學生晤談。他們可以教導學生溝通技巧、做決定的技巧、自我克制能力的培養、合作的技巧、情緒的管理與控制、自我解嘲而不是經不起開玩笑的幽默能力等。他們也可以帶領自助性團體，如果你願意的話，可以爭取當協同領導者；此外，他們還可提供給你和學生社區資源的資訊。

　　有時候，你可以非正式地請教諮商師的意見，就像白蘭德先生的例子。有些情況下，最好是在諮商師的指導下處理問題。無論哪一種情況，諮商師都是最好的資源，幫助你和學生處理自己的情緒困擾。

尋找諮商師作個別晤談

　　諮商專業的獨特性在於，當事人並不需要有情緒上的困擾或問題才能尋求協助。其他的心理衛生專業（如精神科醫師、心理師及社工師等）的專長在於處理嚴重的心理異常問題。諮商師是幫助個人處理所關心的日常生活問題之專家，包括生活適應問題、生活變動的適應、個人的生涯發展議題、生命意義的追尋、自我探索與了解、關係困擾的解決、生涯規劃、壓力因應與管理，或生命中必須面對的掙扎與困境等。當然，討論的話題並不以此為限。

　　儘管教學工作有很好的報酬，但也頗具壓力，充滿了要求、責任及承諾，有時超過期待一個人所能應付的合理範圍。作為一位權

威人物，某些學生會把你當成箭靶，宣洩他們內心的挫折與敵意；有時候，你會陷在學校主管、家長與學生之間的拉鋸戰中，眼前看不到解決之道。甚至，別人對你有很高的期待，而使得你非常容易出現教學倦怠感。

決定尋求諮商師的服務（可能由任職學校的諮商師轉介）作為你個人的諮詢者，對你會有以下幫助：

1. 成為個案的實際受輔經驗，可以幫助你改進自己的助人技巧，藉由觀察專業助人者的實務歷程，親身體驗什麼對你最有效，你將會不自覺地仿效，並巧妙地運用於自身的諮商實務當中。

2. 擁有一個安全、保密的支持系統，幫助你克服壓力與分憂解勞，才不至於耗竭，變成家人和朋友的負擔。

3. 在你希望改進的部分，激勵自己繼續學習與成長。

4. 幫助你面對和處理生命突發的困境。老師生命中常見的脆弱議題包括：對失敗的擔心與恐懼、專業報酬是否值得繁重付出的不確定感、學習停滯感，以及和同事或行政主管之間的衝突等。

5. 幫助你抵抗教學生活的負面影響。經常要處理一群叛逆、不受管教的學生，已經成為你生活的常態。甚至，有些人從頭到尾都想要與你對抗。除非發展出因應技巧，幫助自己保持精力充沛，否則這種身心的耗損會不斷地侵蝕著你，後果很嚴重。

119

從一位新進老師的見證當中，可明顯看出接受諮商的好處，這位老師在養成教育中表現相當出色，但教學的第一年，卻遇到許多適應性的問題。

我真的不知道要完成教學的第一年是這麼困難，我有好幾次很想辭職。事實上，在幾次最痛苦的時候，若不是和諮商師晤談，我可能早已離職了。

　　大學時，我做事總是有計畫、有條理、準時繳交功課、做事聽話、獲得好成績。我的確學到很多，但我還是沒有準備好處理所遇到的困難，例如面對支持性較少的校長風格、紛爭不斷的同事、沒興趣學習的學生、毫不關心孩子的家長。我完全不知道該如何是好，甚至開始考慮要轉換生涯跑道。

　　在一位朋友的建議下，我開始和學校諮商師推薦的一位諮商師會談。剛開始我一點也不喜歡，我怕別人知道我在諮商，把我當成瘋子看，我不敢告訴任何人。事實上，這就是「被諮商」給我的感覺。

　　然後，我開始覺得可以向某個人坦露內心話的感覺真好，這個人不會論斷我或告訴我應該怎麼做，這個人相信我，並鼓勵我去面對自己不想看到的陰暗面。我回顧當初想要當老師的初衷，我甚至開始了解到，教育場域的重要成員不僅是學生、家長與學校主管而已，還包括我自己。我發現過去自己做了讓情況變得更糟的事。哇！這真是個奇妙的經驗。

向學校心理師請益

　　傳統上，學校心理師的主要工作是透過測驗來評量孩子的身心狀態，以作為特殊課程安置的依據。現在他們在專業服務中增加了

諮詢的功能，提供老師許多領域豐富的資訊與支持，例如，學習風格的個別差異、因應多元文化需求的班級動力，以及有效的行為改變技術等。他們不僅提供專業技能來幫助個別學生解決問題，也對全校學生提供預防性推廣服務，安排不同主題的課程，諸如同儕壓力的處理、考試焦慮的因應、擁有自信，以及克服孤獨等內容。此外，他們將協助辨識出高危險群學生，並根據他們的狀況，發展適合的輔導方案。

當你遇到困難，而且知道自己不是唯一遭遇難題的人，你會安心許多。有些學校的作法是，班導師先試著自己解決班上的問題，如果效果不佳，接下來再將問題反映給由校內專業人員組成的安置輔導會議。如果需要繼續提供協助，這個安置審查委員會正式轉介給學校心理師做進一步評估。在其他學校的作法是，學校心理師直接和教師諮詢，以協助其解決困擾。以上兩種情況都讓你有機會獲得學校心理師的專業服務。他們在評估學生的困難與訂定矯正治療計畫等領域，受過特殊訓練。

向遊民教育與社區聯誼會請益

有些家庭處於無家可歸的窘境，遺失了孩子的醫療與就學紀錄。學生的上課出席不穩，學業表現受到影響。你可以想像那樣的生活型態會是怎麼樣，有時以街道為家，有時暫時居住在中途之家，沒有安全與穩定的居家環境。

老師可以透過以下跡象，辨識出無家可歸的孩子，例如，以旅館作為通訊地點、居無定所的自我認同、多個家庭共處一屋的描述、就學紀錄的中斷、體弱多病或營養匱乏的身體狀態、邋遢的衛生習慣、缺乏交通工具的困境、擔心放學後的私領域問題、社交與行為

問題等。此外,透過家長、監護人及兒童回應的言談中,也可以察覺到孩子的居住狀況。基於個人隱私,年紀較大的孩子不喜歡承認自己是遊民。因此,老師或其他教職員必須小心地為他們保守秘密,以避免他們被污名化。

具遊民身分的學生經常需要他人協助提供衣物、課本、教材或文具等物品,也需要社會服務的幫忙。你需要主動告知學生與家長有關他們的權益,諸如,有權利在原學校或當地學校持續就讀,以利維持其人際關係與學業成就;他們也有權利可以馬上申請註冊入學,並由學校提供交通工具。根據法律的規定,多數學校所在的區域都需依法設置區域性的聯誼會,來保障無家可歸孩子的權益。這個聯誼會將幫助孩子完成註冊程序,立刻獲得免費或低價的餐點等福利。他們也會幫助學生獲得所需的疫苗注射,並轉介給社會福利單位。這個聯誼會定期和這些孩子碰面,注意孩子的課程出席狀況與學業表現。

在班上,老師可以提供給具遊民身分的學生額外的支持與關注,例如分派一位小天使同學,協助具遊民身分的學生適應學校的作息與班上的課程進度,讓他們在班上感到舒服與自在。在他們缺席一段時間後,歡迎他們再度回來上課,向他們說明缺席期間的課程進度,以補救教學來幫助他們趕上進度,以利其輕鬆地轉換環境,適應回來後的課程活動。

121

向當地大學教授請益

通常,有很多教育相關領域的教授和督導,很樂意幫助遇到困難或不知道該如何處理問題的老師。因此,當地大學可以成為老師的資源之一。你可以在徵求校長同意後,邀請大學教授到班上示範

最新的教學技巧，或對你的教學風格提出建言。也可以針對學校老師有興趣的領域，舉辦相關主題工作坊，或提供特定主題的諮詢，如教學方法、教材的運用、行為改變技術及你們所關心的其他事項等。

　　大學也會定期開辦一些課程或研習，例如為社區裡的教師舉辦整天的研討會或工作坊，這些訓練課程讓你有機會與同儕夥伴們交流互動，並精進你的技能。

　　例如，在一所小學裡，有一群老師很關心學區裡的學生有很高的比例來自於單親家庭。由於社區裡的諮商師不多，很少有機會能處理這個日益惡化的問題。於是，這些老師先找校長討論，徵得校長的同意在校內成立支持性團體，來協助孩子適應父母離婚的困擾。老師們共同決定邀請大學教授來訓練老師團體方案的設計方法與技巧；一旦團體開始運作後，諮商教育學系的教授可以提供後續的督導服務。

老師在個別化教育計畫中的角色

　　為特殊教育學生所發展的個別化教育計畫（individualized education program，簡稱 IEP）中，老師可扮演積極參與者的角色。通常是老師先發現學生的問題，第一個和家長聯絡，主動安排心理測驗，向學校心理師諮詢相關問題後，再與家長協商。教師作為學生的保護人，不但是連結相關課程教師、學校心理師與家長的靈魂人物，同時也是協調者與訊息轉達者，更可能是會議中唯一認識所有人的人。

　　很重要的是，老師必須敏感察覺家長的情緒及其關切的事項，當告知家長他們的孩子需要特別的幫助時，家長典型的反應是：震

122

驚、否認、罪惡感、憤怒與挫折；有些家長反而是鬆了一口氣，因為終於有人也注意到他們孩子的狀況，可以提供迫切需要的幫助。在所有參與第一次個別化教育計畫會議的人員當中，老師可能是家長唯一接觸過的人，因此，家長可能會向老師請教問題或是尋求情緒的支持。

此時，老師需要考慮的首要事項之一，是告訴家長會議進行過程的細節，例如，誰會參加、會議舉辦的地點、會議需要多久時間等。向家長解釋會議中使用的專有名詞，或要求相關單位事先將測驗報告送給家長閱讀，這些都有助於家長了解狀況。此外，建議先和家長召開「會前會」，回答家長的疑慮與問題，解釋可能被問到的問題類型，並從家長的觀點，蒐集孩子的發展史、就學史和態度等資訊。「會前會」將有助於家庭與學校建立起正向的關係，並為個別化教育計畫奠立合作的基調。

在個別化教育計畫的會議當中，將會分析與解釋對孩子的評估內容，然後發展未來一年的個別輔導計畫。老師可以向家長解說這個計畫的執行細節，如預定行程、時間、地點、交通等，以及將採取哪些教學方法與行為策略，而家長也會想知道該如何與校方配合。因此，老師要強調學生的優點，並說明未來評估孩子進步的指標有哪些，持續支持家長，幫助他們保持積極正向的人生觀。

老師不是諮商師

在這一章及整本書當中，討論了可以在各種情境運用的諮商技巧，不過，你可能沒有受過諮商專業訓練。諮商師的訓練需要二至三年全職進修，取得六十學分的碩士學位。以上介紹的技巧與知識基礎，只是提供你基本的概念，幫助你在專業工作扮演的多重角色

中，有更好的預備。

　　無論是心理上或學業上，你很樂意協助學生處理他們所關心的事情。但是，要忙於教學職責及教學延伸的相關業務，你沒有足夠的時間完成所有想做的事。因此，作者所介紹的諮商方法與技巧，可以融入你個人的人際風格與教學情境中，幫助你順利轉介學生給合適的專家進行輔導或諮商。

　　你希望教過的學生在十年後會怎麼談論起你？在你的教書生涯所接觸過的學生，你最希望他們記得你哪些事情？如果他們記得：你曾經教過他們有關生命、環境以及自己一些重要的事情，那會是很棒的。想像一下，他們告訴你：他們知道你真正關心他們，在他們痛苦的時候，你陪伴在他們的身邊，而且是真正的全心陪伴。他們記得你是一個很棒的傾聽者，可以信任與依賴。你尊重他們是一個獨立的個體，雖然不喜歡他們的問題行為，但不會論斷或批判他們。學生會記得那些有關於你的事情，這讓人更感到欣慰，因為教書不再只是一份工作，或只是你做過的事情，而是「一日為師，終身為師」的經師與人師的意義。

活動建議

1. 在日記或小團體討論中，回答以下問題：在你的生命中，哪位老師對你最具有啟發性？他們是什麼樣的人？他們做了什麼讓你變得很不一樣？

2. 作為一位老師，你希望留給別人什麼樣的記憶？想像二十年後，教過的學生齊聚一堂，談論起你，你希望他們怎麼說你？

3. 各訪問一位學校諮商師、學校心理師、大學教授及學校主

管，了解他們如何看待自己成為教師諮詢者的角色。

4. 將你尚未準備好處理的情境、問題與關心的事項列出清單。
   開始蒐集與建立和這些有關的社區專家資源檔案。未來有需
   要的時候，這些都是你可以尋求諮詢的對象，同時也要蒐集
   可以運用的資源和支持團體清單。

5. 根據本書討論過的主題或你學到的內容，對於身為教師的角
   色，你認為最重要、也願意承諾確實執行的三項工作是什
   麼？寫下來或與團體成員分享。

閱讀建議

Blase, J., & Blase, J. J. (2006). *Teachers bringing out the best in teachers: A guide to peer consultation for administrators and teachers.* Thousand Oaks, CA: Corwin Press.

Brigman, G., Mullis, F., Webb, L., & White, J. F. (2004). *School counselor consultation: Skills for working effectively with parents, teachers, and other school personnel.* New York: John Wiley.

Portner, H. (2002). *Being mentored: A guide for protégés.* Thousand Oaks, CA: Corwin Press.

Shulman, J. H., & Sato, M. T. (2006). *Mentoring teachers toward excellence: Supporting and developing highly qualified teachers.* San Francisco: Jossey-Bass.

諮商自己

　　學習諮商技巧最棒的獲益之一，就是用在別人身上有效，對自己也是一樣有用。如果自己不曾遭遇相似的個人問題，就能聽得懂對方的掙扎，事實上是不太可能的事。同樣地，透過幫助其他人解決困難的這種利他行為，你也同時會幫到自己。

　　學習諮商技巧後，發現自己和學生的關係變得更有互動、也更能同理他們，同時你的私人關係也變得更好了，對此你並不會感到驚訝。專業治療師和諮商師經常報告說，在他們希望讓個案放棄功能不佳的想法和自我挫敗的行為，卻遭遇挑戰的那些時期，他們在自己的生活中也極可能遭遇相同的狀況。

　　大部分你從這本書中學到的技巧，都包含對別人更有同情心；這同時也能對自己更加地寬容。大部分技巧催化你能更有效地傾聽和回應學生，是能提升你所有關係的有用策略。你已學會較正向地解讀學生的行為，以及他們的舉止所要傳達的溝通，那麼在個人生活裡，這種分析方式也會協助你努力解開矛盾和衝突的交互作用。最後，對於學生覺得有壓力或失控，你也學會了幫助他們重獲平衡的方法。如果你能在正常狀態下運用，且把你教導他人的那套拿來

練習，那麼這些策略對你也會同樣有效。

我們在別處提過了示範的力量，也就是說，學生不僅從我們所說的話語學習，也從我們所做的行為學習。當學生觀察到我們透過建設性的方式在處理事情，且他們也敬佩累積的結果時，他們甚至會更有動機地跟隨我們的引導。記得有一段時期，我（Jeffrey）正教我們的兒子把球投進籃框。每次一沒丟中，我就會不經意地自己嘟囔著：「該死！」不久後，我注意到他也會這樣做。這小傢伙大約四歲，每次他沒丟中目標，他就對自己說「該死！」一旦我注意到了，我就把我大聲說出的話改成「沒關係。」展現一種較寬恕、放鬆的態度。不一會兒，他也模仿著做了。這堂課深得我心，因為孩子們（以及其他人）密切留意著我們處理挫折、應對失望、解決衝突及打理悲痛的方式。他們從我們珍貴的課程設計中所學到的，就和他們從觀察我們言行中所學到的一樣多。

126

學生改變了你

有學生向你抱怨覺得孤寂且被誤解，而這觸動了你對自己一些膚淺友誼的看法。

有位學生哭著來找你，因為她一直因過重而被嘲笑。即使你自己沒有身材的問題，這仍可能激起你想到要好好照顧自己。

兩名學生正一起做著小組的計畫，你察覺到他們的困擾是試著要表現完美。這提醒了你自己一個還沒解決的問題——一個和眼高手低有關的問題。

> 有一天在課堂上,你注意一位不尋常地脫節且遲鈍的
> 學生。你的腦海裡出現自己在那年紀時的影像,且立刻想
> 起那些你曾經歷過的艱難時期。

這裡的每一個例子都成為你的一個機會,讓你可以變得更能反思自己的生活及目標。每次你和一個孩子交談,談論一些困擾他或她的事時,都推動你以不同的眼光去正視自己。每個助人的邂逅都產生了互惠的效果,而在其中你可能和學生改變得一樣多!

老師和學生之間的關係,包含了一項有趣的相互作用。雖然我們是受過訓練、被付費的專家,但常常我們從學生處學到的,就和他們向我們學的一樣多。在一項這類互惠改變歷程的研究中,我(Jeffrey)訪談了這星球上最有名的治療師,請他們回溯其卓越的生涯,選出一位對他們身為專家和人類來說,最具衝擊性的個案。換句話說,思索在你的生命及生涯中,所有你曾經幫助過的人。教你最多的學生(或人)會是哪一位?我們不僅是指他或她教導你成為一位更好的老師,同時也造就你成為一位更有影響力的人。

根據這些訪談,以及其他助人關係中互惠改變的研究,有些值得提及的關鍵主題如下所述:

1. 了不起的教育家將其學生視為老師。他們開放地面對其他人所能教給他們的一切。他們根據密切地監測其他人(以言語或行為)所告訴他們哪些最有用和什麼沒用,來改進他們的方法。藉著被賦予的特權去認識其他人,他們也得知了很多關於世界、不同的文化和經驗,以及有關他們自己的事。

2. 使老師有活力又能持續成長的,是伴隨著開放心胸的謙遜。學生是他們自我經驗的專家。他們感激被待之以尊敬、敏銳和謙懷。他們也會因著我們想向其學習的想法而受到恭維。

3. 我們最深刻記得的學生，不僅是帶給我們麻煩的，也是讓我們得以親近他們的那些人。這份關係支撐著他們，同時也支撐著我們。

自我對話

就如同我們教導學生，對於失望、挫折和衝突要有不同的自我對話一樣，每當我們面對困厄的情況時，我們也可以在自己內心裡做同樣的事。所有這本書介紹的助人技巧中，沒有一項可以比較簡單有用地用來諮商自己。對於以下每一項攫取自老師腦袋裡的內在陳述，想像這些不合理、扭曲的想法可以如何被改成一個較適切又實際的代表性反應。比較一下下列對於同一個完全相同的刺激，所產生不同的想法選項。

➤ 誇大 ◄

「這種事總是發生在我身上。我從未得到我想要的。」
相較於「這次我沒得到我想要的，真的很令人失望。」

「我有一個這麼大的班級，又很難管，真是好慘。」
相較於「我有一個比我預期還要大的班級，真是很富挑戰性，也很令人憂心。」

注意在第二句說法上的不同，老師如何在覺察中保留其失望。明顯地，自己想成你永遠不會得到想要的，或者這是曾發生過最糟的事情，是非常誇大的。極端負面的、情緒的反應乃起因於這樣的

扭曲想法。

➤ 絕對的要求 ≪

「校長給了我這麼糟的課程表真的很不公平。他不應該這樣的。」相較於「我真是不幸拿到一個不甚理想的課程表。我認為有時校長所為非我所愛。」

「學生就是沒做到他們應該要有的努力。我就是認為他們的父母不再關心了。」相較於「學生和父母似乎做了不同於他們該做的行為。我的觀察和他們的行為都可能有其功能。」

要求別人照你的期待和價值過活，是沮喪和挫折的陷阱，他們可能只是根據不同的規則，或合於其他的宗教規範而作為。你對其他人應該如何表現（通常是你會做的行為）的強烈喜好是一回事，但要求全世界都要遵照你所希望的去做，就真的是另一回事了。你不僅可能會一再失望，也會遭遇很多抗拒。

➤ 過度類化 ≪

「因為今天這節課讓我很不好過，所以整學期都會很難過。」相較於「雖然根據今天我所觀察到的，這可能是個具挑戰性的團體，不過在我們彼此較熟之後，也可能很容易就有改變。」

「因為我處理事情的方式很糟，所以也許我天生不是

當老師的料。」相較於「雖然有時我處理事情不盡完美，
但那並非就反映了我的能力本質。」

　　那種極端根據，也就是意識專注在責怪你無法掌控環境的自我
對話，相較於顯現對自我想法及感覺負責的內在思考，以上例子都
說明了這兩者語言間的不同。和孩子們一起工作，你所學到的一件
事就是，不僅要挑戰他們的外在行為，同時也要挑戰他們內心如何
思考所發生的事。這意味著情緒反應是依據特定解讀所做出的選擇。

　　有數種方法可以讓你提醒自己（及他人）多使用建設性的內在
語言，特別是在你覺得沮喪的時候。

- 避免使用「應該」和「必須」，那會根據你的喜好，對世界
  和其他人提出絕對的要求。
- 阻止你自己去想像可能最糟的情節，要以思考正向的結果取
  代之。
- 要尋求經歷困難時的例外，而不要只膠著於出錯的時候。
- 活在當下，不要停滯在過去。
- 要問自己「證據在哪裡？」
- 保持實際的期待以減少失望。
- 監測你所說的。
- 正向解讀問題，讓問題變得更能處理。
- 停止叨唸和抱怨你所無法控制的事情。
- 保留你的幽默感，停止嚴厲地對待自己。
- 察看你過度類化的傾向。

外在語言	內在語言
「那學生讓我很生氣。」	「我使自己對他所做的感到生氣。」
「這不是我的錯。我沒辦法。」	「我選擇這樣的行為方式。」
「這課程觀察讓我很緊張。」	「我使自己對這項觀察覺得緊張。」
「那傢伙真讓我氣到骨子裡了。」	「我允許那傢伙把我氣到骨子裡了。」

▶ 保有想法日記 ◀

　　根據自我對話的理論（和你在第五章裡學到的認知治療法），最負面的情緒反應並非由外在事件引起，反而是由你對這事件的解讀所產生。根據你決定用來思考的方式，你可以選擇要如何因應你所面對的幾乎任何情況，不管這情境如何具挑戰性或壓力。為了幫助學生學會這樣做，你就必須自己經歷過這一切，並且成為有技巧及有經驗的人。

　　可以教自己變得更警惕，且積極尊重自己想法的方法之一，是保有想法日記（thought journal）。這是一種儲藏庫，在其中你可以監看那些產生最多傷痛的情境，然後弄清楚在這些困境中你典型的想法為何。這應該是本筆記本或日記，要小得足以隨時隨身攜帶，忠實地記錄你覺得最失控的那些情況。

　　就像記載在想法日記裡所舉的例子（見下頁），新進老師會很誇大且過度類化他的情況，膨脹到超過現實的程度。確實，收到一份低於「優秀」的評量是令人沮喪的，而它當然值得有所回應（也許一些方法上的改變），但若造成個人生活上的危機，則是因他選擇回應的方式使然。藉著寫下他的想法和感覺，也澄清這些源頭，他就可以選擇另一種替代的方式做回應。那會比較合理及持平，甚至可能會引導出建設性的行為，例如和校長有較深入的交談，以討

130

論他的擔心；同時，要是他能用一種自覺平靜、開放且熱切接受回饋的方式做說明，而不是展現出防衛、憤懣的態度的話，這可能就會變得更有建設性。

情境	感覺	主動出現的想法
前後脈絡和情景	詞語描述	在這之前及在這令人不愉快的經驗當中，你在想什麼？
我收到我的教學評量，僅只是「滿意」，但我知道我做的遠比這好太多了。這是學校評量我的終身職的重要階段。以前我從未收到任何低於「優秀」的評量，所以這讓我想到也許是校長不喜歡我。這對我是很大的危機，因為我真的需要這份工作，而且我喜歡在這學校工作。我不希望必須另外再找工作。	沮喪	我深陷麻煩當中，且絕望地無法將自己拉出來。
	羞辱	在我被炒魷魚前，我最好先辭職。也許我該想想別的工作生涯。
	憤怒	這種事發生在我身上很不公平。為什麼是我？
	挫折	這就是可能發生的最糟情形，而且就在我需要一些支持的時刻。
	焦慮	
	洩氣	校長應該多給我一些指導，而且應在這事上幫助我。我要怎樣讀取她想要怎麼做的心意呢？

教師自我照護的問題

在你最有壓力的那些時候，不只是要更有效地和自己對談，或甚至採取更有建設性的思考步驟，你還要把所有的諮商技巧，全運用到你自己的生活中。我們之前曾談論過，學生從你計畫要教的課程中所學的，會和從你的身教中學到的一樣多。他們觀察你處理你自己的方式；他們蒐集和你生活有關的軼事。在某些方面，他們甚至根據他們最欣賞你所做的事，把他們自己仿製得和你一樣。

回想那些你最喜歡也最尊敬的老師，特別是那些和你關係良好的老師。撇開他們曾教過你的那些規則，你記得最清楚的，是他們生活的特殊事項——他們的穿著方式、特殊興趣，甚至也許是他們的食物和運動嗜好。塑造健康生活方式的習性，對學生當然會有影響，但那不是我們談論要開始更佳自我照護策略的唯一理由。

看到老師們快速耗竭的比率，更甭提屬於工作部分的長期壓力了，所以開發養育和滋養自己的方法就很必要了。如果你無法照顧自己，也就不太會照顧別人。有些地方值得誠實地做個自我評估，如果顯示徵兆，就去做些必要的改變吧！這些就是你會鼓勵那些正掙扎於類似事件中的學生去做的完全同類的事情。

對於想在工作和生活中有效運作的你，健康的身體是很必要的。例如今日在北美洲，肥胖症是最嚴重的健康問題，所以監測你吃的食物是很必要的事。另一個照顧你身體的層面，包括固定的運動；也就是你實際上每天為保持自己身材所做的事。

想想大部分孩子在生活中會遭遇到的問題——身材、友誼、家庭衝突、壞習慣、藥物和酒精、沮喪和焦慮，這些也都是你可能會遭逢的困擾。如果你沒有成功處理這些相同事件的自身經驗，你就很難提供他人安慰和支持，或給予一點指導。

你能幫助自己的部分很有限，就如同你要試著協助有麻煩的學生一樣。當情況超出你的專業訓練時，你會把某人轉介給專家；在你覺得腦袋好像無法掌控時，也許你也可以把自己轉介給諮商師或治療師。

在許多諮商師訓練課程中，參與課程的學生會被要求或被鼓勵去參加諮商療程當個案。這項政策的原因是，如果自己沒有體驗過坐在個案椅子上的感覺，你就很難去幫助其他人。其次，如我們一直強調的，諮商師（或類似助人角色的專家）在協助其他人時可能

會用到的一切，就有義務要用在自己身上。

　　這個教師諮商技巧的簡要介紹，只是你訓練的起點。正如增進你的能力是當老師的終身承諾，同時也要為學生、為你最愛的人，學習當個更能回應的傾聽者。每天，幾乎每個小時，都要有機會讓你練習你所學到的技巧。

索 引

（條目後係原文書頁碼，檢索時請查正文側邊頁碼）

▶ A ◀

▶ B ◀

➤ F ◀

T

﹥ U ﹤

﹥ V ﹤

﹥ W ﹤

﹥ Z ﹤

筆 記 欄

筆 記 欄

國家圖書館出版品預行編目（CIP）資料

教師諮商技巧 / Jeffrey A. Kottler, Ellen Kottler 作；
　孫守湉、林秀玲譯.
　--二版. -- 臺北市：心理, 2011.03
　　面；　　公分. --（輔導諮商系列；21098）
　譯自：Counseling skills for teachers, 2nd ed.
　ISBN 978-986-191-412-1（平裝）

　1.教育輔導　2.諮商　3.師生關係

527.4　　　　　　　　　　　　　　100000713

輔導諮商系列 21098

教師諮商技巧【第二版】

作　　者：Jeffrey A. Kottler & Ellen Kottler
校 閱 者：許維素
譯　　者：孫守湉、林秀玲
執行編輯：陳文玲
總 編 輯：林敬堯
發 行 人：洪有義
出 版 者：心理出版社股份有限公司
地　　址：231 新北市新店區光明街 288 號 7 樓
電　　話：(02) 29150566
傳　　真：(02) 29152928
郵撥帳號：19293172 心理出版社股份有限公司
網　　址：http://www.psy.com.tw
電子信箱：psychoco@ms15.hinet.net
駐美代表：Lisa Wu（lisawu99@optonline.net）
排 版 者：龍虎電腦排版股份有限公司
印 刷 者：正恒實業有限公司
初版一刷：2004 年 3 月
二版一刷：2011 年 3 月
二版四刷：2017 年 1 月
Ｉ Ｓ Ｂ Ｎ：978-986-191-412-1
定　　價：新台幣 220 元